Access 1

Livre de l'étudiant

Danièle Bourdais
Sue Finnie
Series editor: Julie Green

OXFORD
UNIVERSITY PRESS

Contents

1.1 Vive la France!

- Talk about France
- Recognise words in French

Discute.
Look at the map and the photos. Share information you already know about France.

Lis.
Read the information. Find:

- one thing you knew
- one thing you didn't know
- one thing you find surprising

French is the first language of:

61 million people in France

12 million Europeans in Belgium, Luxembourg, Switzerland, Monaco and Andorra.

French is ...

... an official language in 31 African countries

... spoken in the USA (Louisiana), Haiti, Madagascar and Mauritius.

Écoute.
Listen. Note the order in which you hear the following languages.
Exemple: 1 = **a**

a English **b** French **c** German **d** Chinese

Écoute.
Look at bubbles a–d. In which order do you hear them say hello?
Exemple: 1 = **d**

Lis.
Match each bubble a–d to a language.
Exemple: **a** = Chinese

English **Chinese** **French** **German**

1.2 Bonjour!

- Say your name
- Say what nationality you are

Écoute, lis et répète.

Listen, read and repeat.

Bonjour! Je m'appelle Thomas.

Je m'appelle Manon.

Je m'appelle Kouakou.

Bonjour! Je m'appelle Adama.

Écoute (1–4). Qui parle?

Listen. Who is speaking? Is it Thomas, Manon, Kouakou or Adama?

Exemple: 1 = Adama

Réécoute.

a Listen again and put your hand up when you hear the word for "hello".

b What is the French for "My name is …"?

Parle et écris.

Pretend to be a celebrity and introduce yourself.

Exemple: Bonjour! Je m'appelle Beyoncé!

Bonjour!	=	*Hello!*
Je m'appelle …	=	*My name is …*

READING

5 **Écoute et lis.**

Listen and read closely. What difference in pronunciation do you notice?

a between *français* and *française*?

b between *sénégalais* and *sénégalaise*?

c any difference for *britannique*?

Grammaire

Why do nationalities change their ending?

Add an **-e** for girls:

français sénégalais | française sénégalaise

When there is already an **-e**, it doesn't change:

britannique | britannique

Je suis français.
Thomas
Je suis française.
Manon

Kouakou
Je suis sénégalais.
Je suis sénégalaise.
Adama

Je suis britannique.
Harry
Je suis britannique.
Emily

6 **Écoute (1–6). Qui parle?**

Listen. Who is speaking?

Exemple: 1 = Harry

Je suis	français / française
	britannique
Tu es	sénégalais / sénégalaise

SPEAKING

7 **À deux.**

Interview each other. Pretend to be the people on this page.

Exemple:

A Tu es britannique? **B** Non.
A Tu es français? **B** Oui!
A Tu es … Thomas? **B** Oui!

WRITING

8 **Écris.**

Find a photo of a famous British or French person. Write a bubble.

SAMSUNG
Bonjour!
Je m'appelle Gaël Kakuta.
Je suis français.

1.3 En français!

- Use French in class
- Spell words in French

Écoute et lis.

Listen and read the cartoon. Which phrases can you guess the meaning of?

1 Bonjour, la classe!
2 Bonjour!
3 Faites l'activité 3!
4 Je ne comprends pas.
5 Tu as un stylo, s'il te plaît?
6 Silence!
7 Madame! Les toilettes, s'il vous plaît!
8 Fais vite!

Relie.

Match the English (a–h) to the French (1–8) in the cartoon.

Exemple: **a** = **6**

a Silence!

b I don't understand!

c Good morning, class!

d Miss, I need the toilet, please!

e Have you got a pen, please?

f Quickly!

g Do activity 3.

h Good morning.

	to a friend	*to an adult*
you	tu	vous
please	s'il te plaît	s'il vous plaît

Je ne comprends pas.
Tu as un stylo, s'il te plaît?
Les toilettes, s'il vous plaît!

L'alphabet

Aa Bb Cc Dd Ee Ff Gg Hh Ii Jj Kk Ll Mm
Nn Oo Pp Qq Rr Ss Tt Uu Vv Ww Xx Yy Zz

3 **Écoute, lis et répète.**
Listen to the alphabet. Are there any letters pronounced in the same way as English?

4 **Écoute, répète et continue. (1–6)**
Listen, repeat and add the next letter.

Exemple: 1 = m, n, o … p

SPEAKING **5** **À deux.**
A spells out the name of one of these famous French people.
B points to the picture.

Exemple:

A g – u – s – t – a – v – e e – i – f – f – e – l
B A!

A 
Gustave Eiffel

B 
Louis Braille

C 
Marie Curie

WRITING **6** **Écris.**
A spells out the name of a favourite celebrity and **B** writes it down.

Exemple: **A** l – e – o – n – a l – e – w – i – s

é = e accent aigu
è = e accent grave
ê = e accent circonflexe
ç = c cédille

1.4 Vocabulaire

la France	*France*
le français	*French* (language)
bonjour	*hello / good morning*
je	*I*
tu	*you* (to a friend)
vous	*you* (to an adult)
Je m'appelle (Alex).	*My name is (Alex).*
Je suis …	*I am …*
Tu es …	*You are …* (to a friend)
français	*French* (for a boy)
française	*French* (for a girl)
sénégalais	*Senegalese* (for a boy)
sénégalaise	*Senegalese* (for a girl)
britannique	*British* (for a boy or girl)
Je ne comprends pas.	*I don't understand.*
s'il te plaît	*please* (to a friend)
s'il vous plaît	*please* (to an adult)
Tu as un stylo?	*Do you have a pen?*
Les toilettes, s'il vous plaît!	*I need the toilet, please!*

Sound French!

The final "s" is usually not pronounced in French words:

Je suis sénégalais.

The ending "se" sounds like "z":

Je suis sénégalaise.

I can …

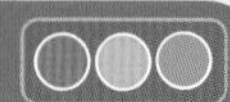

- talk about France
- recognise words in French
- say hello
- say my name
- say what nationality I am
- use some French in class
- spell words in French
- say "you" and "please" when talking to a friend
- say "please" when talking to an adult

Clic-test!

1 Écoute! (1–6)

Listen to Jonathan. Match each sentence (1–6) to the English (a–f):

Exemple: 1 = **b**

a Jonathan spells his name.
b He says his name.
c He asks a friend for a pen.
d He asks his teacher for a pen.
e He says hello to a friend.
f He says his nationality.

Jonathan

2 Lis!

Copy and complete the sentences (a–e) with the correct words from the box on the right.

Amélie	m'appelle
française	britannique
suis	

a Je m'appelle ...

Amélie Mauresmo

b Je suis ...

Paula Radcliffe

c – Tu es ..., Charlize?
– Non!

Charlize Theron

d Je ... Johnny Depp.

Johnny Depp

e Je ... sénégalaise.

Dji Dieng

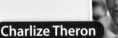

3 Parle!

Your mission is to do these six things in less than two minutes! Work with a partner.

Exemple: **a** = Bonjour!

a greet someone
b say your name
c spell your surname
d say what nationality you are
e ask a girl if she is French
f ask a boy if he's British

4 Écris!

Write a bubble for each of these people, saying their name and nationality:

- Audrey Tautou
- Lewis Hamilton
- Lily Allen

Bonjour!
Je m'appelle Thierry Henry.
Je suis français.

2.1 1, 2, 3 ... en France

- Use numbers 1–10
- Name French things

Un, deux, vive les Bleus!

Écoute, lis et répète.
Listen to the numbers, look at the football tops and repeat.

Écoute et continue.
Listen and add the next number.

Exemple: 1 = Un, deux → trois

Dictée de chiffres.
Number dictation. Listen to your teacher and write down the numbers you hear.

Exemple: 1, 9, 4, …

Lis et écris les nombres.
Look at the football scarf. Separate and write the numbers in words and figures.

Exemple: deux = 2, …

Top Tips!

Think of words in English that can help you remember the French.

un *uh!*
deux *der!*

Can you think of words in English for the other French numbers?

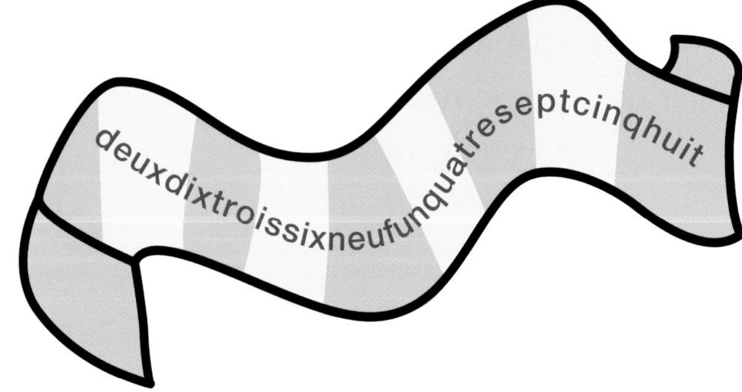

Écoute, lis et répète.

Listen, read and repeat the answers.

Exemple: C'est la baguette.

la baguette

2

le football

3

les bandes dessinées

4

les Carambars

5

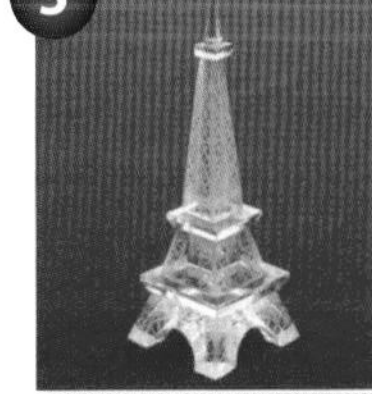

la Tour Eiffel

6

le vélo

7

le parfum

8

les gâteaux

9

la pétanque

Grammaire

French has three words for "the":

le + masculine word
la + feminine word
les + plural word (masculine or feminine)

Always learn new words with le / la / les:

not *parfum* but *le parfum*

C'est quoi?

C'est le vélo.
le football.
le parfum.

C'est la baguette.
la Tour Eiffel.
la pétanque.

C'est les gâteaux.
les bandes dessinées.
les Carambars.

À deux.

A says a number, **B** names the object.

Exemple: **A** Numéro 7, c'est quoi? **B** C'est le parfum.

Recopie et complète le sudoku.

Copy the sudoku grid. Fill in words 1–9 from above.

You need three different words for "the" across and down.

le vélo		
	la pétanque	
		les bandes dessinées

Regarde. Tu reconnais?

Watch the video. Write any words that you hear from activity 5 in the order you hear them.

2.2 Bienvenue en France!

- Name places in town
- Say what there is and isn't

Écoute, lis et répète.

À deux.

Memory game: try to remember the photos.
A says a number, **B** names the place.

Exemple: **A** Numéro 1? **B** Euh … une pharmacie?
A Non! **B** Un restaurant?
A Oui!

Dans ma rue, il y a …
- un restaurant
- un café
- un supermarché
- un cinéma
- une poste
- une pharmacie
- des toilettes
- des magasins

Écoute. Oui ✓ ou non ✗ ? (1–8)

Jot down the numbers of the places from activity 1. Listen to Amélie and note ✓ or ✗ to say whether the places are on her street or not.

Exemple: 1 ✓

There is …
Il y a (**un café**)
There isn't …
Il n'y a pas de (**café**)

Trouve des photos. Écris.

Find photos of places in your town.
Look up the names in a dictionary.
Write labels.

Exemple: Il y a un hôtel.

Grammaire

	masculine	feminine
a	**un** (cinéma)	**une** (pharmacie)
some	**des** (magasins)	**des** (toilettes)

Écoute et lis. C'est Lola ou Lucas?
Listen and read. Whose poster is this, Lola's or Lucas'?

Lola:
Bienvenue dans ma rue!
Il y a un restaurant. ✓
Il y a aussi des magasins. ✓
Dans ma rue, il n'y a pas de cinéma. ✗

aussi = *also*

Lucas:
Bienvenue dans ma rue!
Il y a une pharmacie. ✓
Il y a aussi des toilettes. ✓
Dans ma rue, il n'y a pas de poste. ✗

À deux.
Look at the poster. Ask each other about the places.

Exemple: **A** Il y a une poste?
B Non, il n'y a pas de poste.

Imagine une rue et écris!
Make a poster of your ideal street.

Exemple: Dans ma rue, il y a un cinéma.
Il y a aussi un restaurant.
Il n'y a pas de magasins.

Il y a ✓	un	restaurant café supermarché cinéma
	une	poste pharmacie
	des	toilettes magasins
Il n'y a pas ✗	de	restaurant poste magasins ...

2.3 Mon pays, c'est la France

- Name some countries
- Name colours

Écoute, lis et répète.

A

Salut! Je m'appelle Nico. Mon pays, c'est la France.

B

Salut! Je m'appelle Ana. Mon pays, c'est le Sénégal.

C

Salut! Je m'appelle Samuel. Mon pays, c'est le Canada.

D

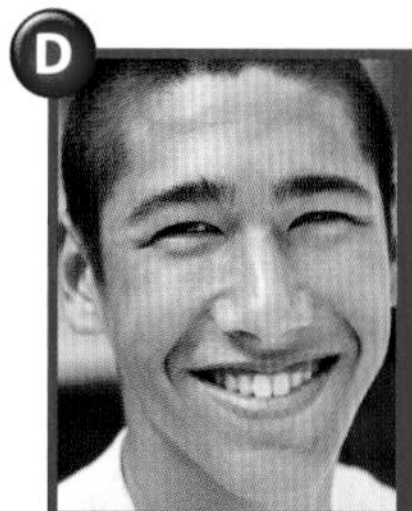

Salut! Je m'appelle Omar. Mon pays, c'est l'Algérie.

E

Salut! Je m'appelle Laura. Mon pays, c'est la Belgique.

F

Salut! Je m'appelle Christophe. Mon pays, c'est la Suisse.

Trouve le français.

Find the French names in activity 1 for the countries listed below.

Exemple: **a** = le Canada

a	Canada	**b**	Senegal	**c**	Algeria
d	Belgium	**e**	Switzerland	**f**	France

> le or la → **l'** in front of a word starting with **a, e, i, o, u** and **h**

Écoute et note l'ordre (A–F de l'activité 1).

Listen and note the countries in the order mentioned (A–F).

Exemple: **F**, …

Mon pays, c'est	le Sénégal le Canada la France la Belgique l'Algérie la Suisse

À deux.

Interview each other pretending you're the people in activity 1.

Exemple:

A Salut! Je m'appelle Nico. Et toi?
B Salut! Je m'appelle Ana. C'est quoi, ton pays?
A Mon pays, c'est la France. Et toi?
B Mon pays, c'est le Sénégal.

Et toi?	*What about you?*
mon pays ton pays	*my country* *your country*

Écoute, lis et répète.

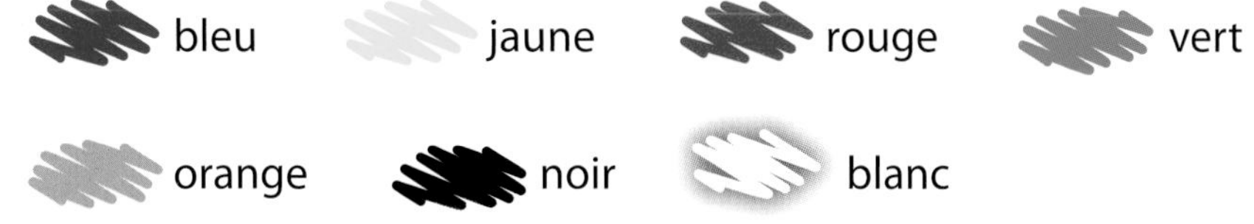

Complète.

Complete the key to the flags' colours.

Exemple: **a** = bleu, …

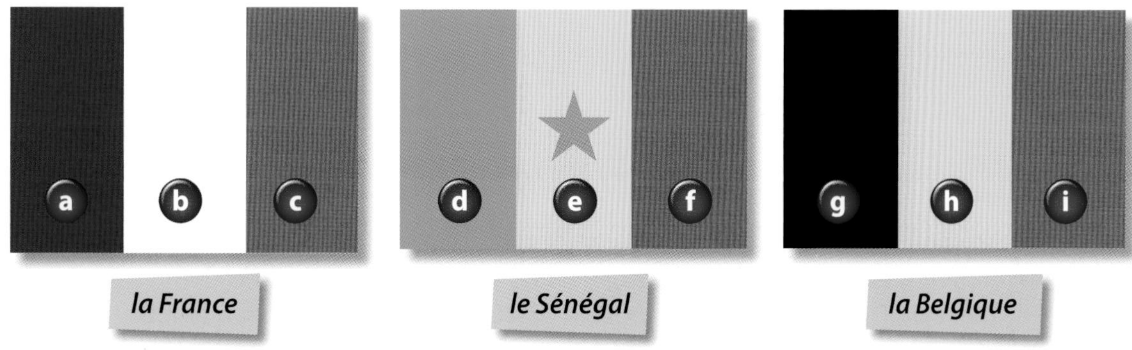

Écoute. C'est quel pays? (1–5)

Listen. Which country's flag is being described?

À deux.

A names the colours in one of the flags. **B** names the country.

Exemple:

A Noir, jaune et rouge.
B C'est la Belgique.

Écoute la chanson "Vive les couleurs!". C'est quel pays?

Listen to the song. Which colours and which countries can you hear mentioned?

2.4 Vocabulaire

un	*one*
deux	*two*
trois	*three*
quatre	*four*
cinq	*five*
six	*six*
sept	*seven*
huit	*eight*
neuf	*nine*
dix	*ten*

C'est quoi?	*What is it?*
C'est …	*It is …*
le football	*football*
le vélo	*cycling*
le parfum	*perfume*
la baguette	*the French stick*
la pétanque	*boules*
la Tour Eiffel	*the Eiffel Tower*
les bandes dessinées	*cartoon strips*
les gâteaux	*cakes*
les Carambars	*(type of) sweets*

il y a …	*there is / there are …*
un restaurant	*a restaurant*
un supermarché	*a supermarket*
un cinéma	*a cinema*
un café	*a café*
une pharmacie	*a chemist*
une poste	*a post office*
des magasins	*some shops*
des toilettes	*some toilets*
il n'y a pas de … restaurant	*there isn't a … restaurant*
il n'y a pas de … toilettes	*there aren't any … toilets*

Ton pays, c'est quoi?	*Where are you from?*
Mon pays, c'est …	*I am from … (My country is …)*
le Sénégal	*Senegal*
le Canada	*Canada*
la France	*France*
l'Algérie	*Algeria*
la Suisse	*Switzerland*
la Belgique	*Belgium*

blanc	*white*
bleu	*blue*
jaune	*yellow*
noir	*black*
rouge	*red*
orange	*orange*
vert	*green*

Sound French!

When you ask a question, make your voice go up at the end of the sentence:

C'est quoi? ↗

Il y a un café? ↗

I can …

- use numbers 1–10
- name French things
- name places in town
- say what there is in a street
- say what there isn't in a street
- name countries where French is spoken
- say which country I come from
- ask someone which country they come from
- name six colours

Clic-test!

Écoute! (1–6)

Listen. Who speaks about this?

Exemple: 1 = **b**

a colours
b a famous French monument
c whether there is a cinema or not
d which country they come from
e the number of items
f shops in the street

Lis!

Read and note which line each of these is mentioned.

Exemple: **a** = **5**

a What there isn't on his street
b What his favourite colours are
c What places there are on his street
d How many shops there are
e The boy's name
f Which country he is from

1 Salut! Je m'appelle Léo.
2 Mon pays, c'est la France.
3 Dans ma rue, il y a un cinéma et un café ☺ !
4 Il y a aussi trois magasins.
5 Il n'y a pas de supermarché ☹ .
6 Mes couleurs? C'est bleu et vert ❤ .

Parle!

A looks at the pictures for 30 seconds. **B** asks the questions (a–e). **A** answers from memory in full sentences.

Exemple:

B: Il y a un restaurant?

A: Oui, il y a (un restaurant) *or* Non, il n'y a pas de (restaurant).

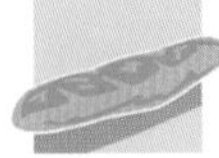

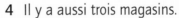

a Il y a un restaurant?
b Il y a des toilettes?
c Il y a un cinéma?
d Il y a une baguette?
e Il y a une pharmacie?

Écris!

Write your answers to Aline's questions.

a Salut!
(Greet the person)
b Je m'appelle Aline. Et toi?
(Give your name)
c C'est quoi, ton pays?
(Say what country you're from)
d Tes couleurs, c'est quoi?
(Say what your favourite colours are)

3.1 Tu aimes ...?

- Talk about things you like and don't like

Écoute, lis et répète. (1–6)

Relie.
Match pictures a–f with words 1–6.
Exemple: **a** = **4**

1 la musique
2 le sport
3 les films (d'action)
4 les ordinateurs
5 les jeux vidéo
6 les animaux

a

b
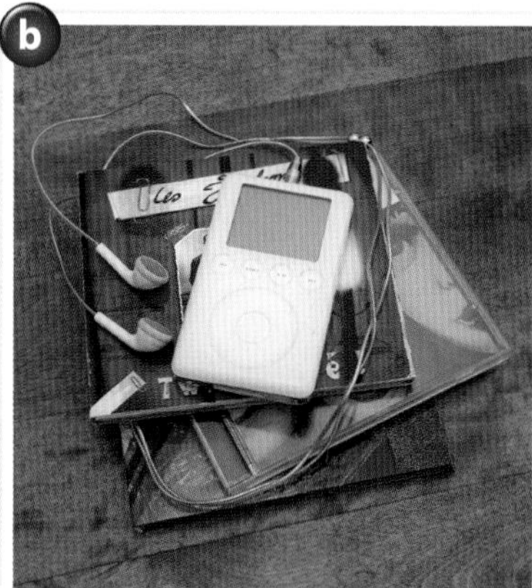

c

d

e
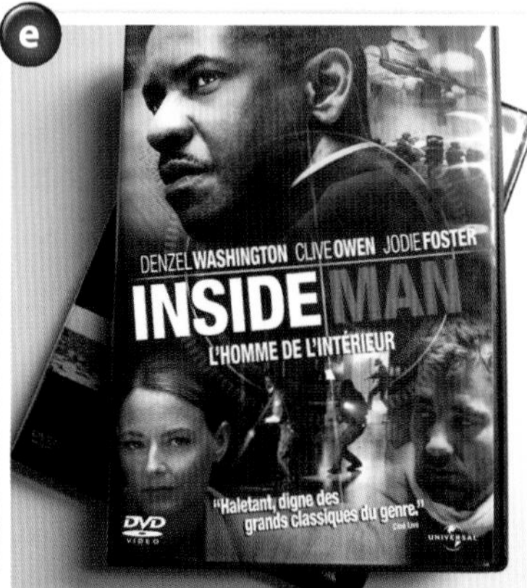

f

À deux.
Play "Read my lips" with a partner.
Exemple:

A *mouths "la musique"*
B C'est la musique.
A Oui.

Écoute (1–8). C'est quelle photo?
Listen. Which photo is it?
Exemple: 1 = **d**

Lis et réponds.
Exemple: **a** = Alex

a Who likes computers?
b Who likes music?
c Who doesn't like computer games?
d Who doesn't like animals?
e Does Yasmina like computers?
f Does Alex like animals?
g Note the two new activities mentioned in the bubbles.
h Can you work out the meaning of *et* and *mais*?

Thomas

J'aime le sport (le karaté et le ski).
Je n'aime pas les animaux.

Yasmina

Je n'aime pas les ordinateurs, mais j'aime la musique et le sport.

Alex

J'aime les animaux et les ordinateurs, mais je n'aime pas les jeux vidéo.

À deux.
In pairs, guess each other's favourite things.

Exemple:
A Tu aimes le sport?
B Oui, j'aime ça.
or Non, je n'aime pas ça.

ça = *it / that*

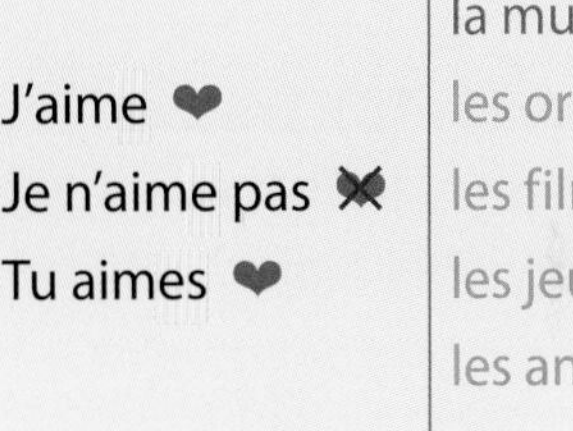

J'aime ❤	le sport
Je n'aime pas ✗	la musique
Tu aimes ❤	les ordinateurs
	les films d'action
	les jeux vidéo
	les animaux
	ça

Écris ta bulle.
Write a speech bubble saying if <u>you</u> like the things on page 20. Try to use *et* (and) and *mais* (but).

Exemple:
J'aime la musique et le sport, mais je n'aime pas les films d'action.

Regarde le clip et décide.
Watch the video. Decide:

a what each person is talking about
b whether they like the things or not

Exemple: 1 = computers , animals 

3.2 Tu as ...?

- Say what you have and don't have

Écoute, lis et répète.

1 
J'ai un animal.

2 
J'ai un ordinateur.

3 
J'ai un portable.

4 
J'ai une console de jeux.

5 
Je n'ai pas d'animal.

6 
Je n'ai pas d'ordinateur.

7 
Je n'ai pas de portable.

8 
Je n'ai pas de console de jeux.

Écoute (1–10). Trouve les phrases négatives.

Listen and put up your hand when someone doesn't have something.

À deux.

A chooses (in secret) a person below and says what things they've got.
B names the person.

Exemple:

A J'ai un animal et un portable.
B C'est Luc!

I have ...	
J'ai ...	un portable un animal un ordinateur une console de jeux
I don't have ...	
Je n'ai pas de ...	portable console de jeux
Je n'ai pas d' ...	animal ordinateur

Luc

Julie

Marc

Laura

Ali

4 Écris.

Write sentences saying what these people have not got.

Exemple: Luc: Je n'ai pas d'ordinateur.

5 Lis et écoute. Trouve l'équivalent en français.

Read the survey. Find the French words for a–f.

Exemple: **a** = Tu as ...?

- **a** Do you have ...?
- **b** I have ...
- **c** animals
- **d** It's practical
- **e** It's not modern
- **f** survey

avoir = *to have*
j'ai = *I have*
tu as = *you have*

Sondage

- A Tu as un animal?
- B Tu as un ordinateur?
- C Tu as une console de jeux?
- D Tu as un téléphone portable?

Mehdi: J'ai une PSP. Ce n'est pas moderne, mais j'aime ça.

Diane: J'ai un portable. C'est pratique.

Manon: J'ai un chat. J'aime les animaux.

Thomas: J'ai un ordinateur. J'aime l'Internet.

6 Relis et relie.

Read again. Match each survey question (A–D) to the person who answers it.

Exemple: A = Manon

7 Écoute (1–5). C'est quelle question?

Listen. Which question from the survey (A, B, C or D) does each person answer?

Exemple: 1 = question C

3.3 J'adore le weekend!

- Say what you like and dislike doing at the weekend

Écoute, lis et répète.
Which phrases can you guess the meaning of?

Qu'est-ce que tu aimes faire le weekend?

1

faire du sport

2

jouer sur l'ordinateur

3

visiter un musée

4

regarder la télé

5

écouter de la musique

6

aider à la maison

À deux: jeu de mime.
A mimes one of activities 1–6.
B guesses which it is.

Exemple:

A *mimes playing tennis.*
B Aider à la maison?
A Non!
B Faire du sport?
A Oui!

Écoute. (1–8)
Listen to the radio programme.
Match a symbol below to each message.

Exemple: 1 = **a**

a ❤ J'aime …
b ❤❤ J'adore …
c ✖ Je n'aime pas …
d ✖✖ Je déteste …

4 Complète pour toi.

Complete these sentences about yourself.

Exemple: **a** = J'adore regarder la télé.

a J'adore …
b J'aime …
c Je n'aime pas …
d Je déteste …

Tu aimes …?	faire du sport
J'adore	visiter un musée
J'aime	jouer sur l'ordinateur
Je n'aime pas	écouter de la musique
Je déteste	regarder la télé
	aider à la maison

5 À deux.

Interview each other.

Exemple:

A Tu aimes aider à la maison?
B Oui, j'aime ça.
or Non, je déteste ça.

6 Lis et décide: vrai ou faux?

Read the text messages.
Are a–f true or false?

Exemple: **a** = true

a Max doesn't like watching TV.
b Max likes playing football.
c Rachida loves helping out at home.
d Rachida likes listening to music.
e Rachida hates playing on the computer.
f Rachida loves weekends.

Le weekend, j'adore faire du sport.
J'aime jouer au football et faire du judo.
Je n'aime pas regarder la télé.
Max
J'adore le weekend!
J'aime écouter de la musique et jouer sur l'ordinateur.
Je déteste aider à la maison.
Et toi?
Rachida

7 Écris ton message.

- Write your own message on a piece of paper.
- Put all your papers in a hat. A volunteer reads one aloud.
- Can the class guess who it is?

Top Tips!

- When you write French, always check your spelling.
- Remember! Some words have accents over certain vowels, like **à** or **é**.
- How many words with accents can you find on these two pages?

3.4 Vocabulaire

J'aime …	*I like …*
Je n'aime pas …	*I don't like …*
Tu aimes …?	*Do you like …?*
le sport	*sport*
la musique	*music*
les animaux	*animals*
les films d'action	*action films*
les ordinateurs	*computers*
les jeux vidéo	*video games*
et	*and*
mais	*but*
Tu as …?	*Have you got …?*
J'ai …	*I've got …*
un ordinateur	*a computer*
un portable	*a mobile phone*
un animal	*a pet*
une console de jeux	*a games console*
J'ai (un ordinateur).	*I've got (a computer).*
Je n'ai pas …	*I haven't got …*
Je n'ai pas de (portable).	*I haven't got a (mobile phone).*

J'adore …	*I love …*
Je déteste …	*I hate …*
visiter un musée	*visiting a museum*
faire du sport	*doing sport*
jouer sur l'ordinateur	*playing on the computer*
écouter de la musique	*listening to music*
regarder la télé	*watching TV*
aider à la maison	*helping at home*
J'adore (regarder la télé).	*I love (watching TV).*

Sound French!

An accent can change the sound of a vowel:

- **é** sounds a bit like "ay" in "day".

Try saying these words aloud:

de / dé ne / né vidéo écouter
détester un café un musée la télé

I can …

- talk about things I like
- say what I don't like
- ask someone what they like
- say what I've got
- say what I haven't got
- ask someone what they've got
- say what I like doing at the weekend
- say what I don't like doing

Clic-test! 3.4

Écoute! (1–6)

Listen to Laura. Note down the letters of the pictures in the order she mentions them.

Exemple: 1 = **c**, …

a 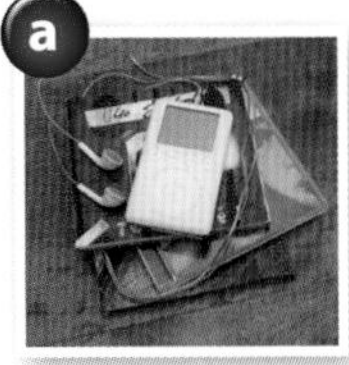

b 

c 

d 

e 

f 

Lis!

Read and find a–f.

Exemple: **a** = Lisa

- **a** who hates computers
- **b** who loves music
- **c** what Ali doesn't like
- **d** what Pierre doesn't like
- **e** two things Marine does at the weekend
- **f** two things Ali likes

Ali: J'aime les ordinateurs et les jeux vidéo. Je n'aime pas les animaux.

Lisa: Je déteste les ordinateurs mais j'adore la musique.

Pierre: Je n'aime pas écouter de la musique mais j'aime regarder la télé.

Marine: Le weekend, j'aime faire du sport et aider à la maison.

3 Parle!

Answer the questions with full sentences.

Exemple: **a** = Non, je n'ai pas de portable. (*or* Oui, j'ai un portable.)

- **a** Tu as un portable?
- **b** Tu as un animal?
- **c** Tu as une console de jeux?
- **d** Tu aimes regarder la télé?
- **e** Le weekend, qu'est-ce que tu aimes faire? *J'aime …*
- **f** Le weekend, qu'est-ce que tu n'aimes pas faire? *Je n'aime pas …*

Écris!

Copy out the sentence beginnings and write your own ending to each.

Exemple: **a** = J'ai une console de jeux.

- **a** J'ai … *(say what items you have)*
- **b** Je n'ai pas de … *(say what items you don't have)*
- **c** J'adore … *(say what you love)*
- **d** J'aime … *(say what you like)*
- **e** Je n'aime pas … *(say what you don't like)*
- **f** Je déteste … *(say what you hate)*

4.1 Le premier janvier

- Say numbers 1–31
- Name months of the year and say dates

1 Écoute, lis et répète.

11 on**ze**
12 dou**ze**
13 trei**ze**
14 quator**ze**
15 quin**ze**
16 sei**ze**

17 dix-sept
18 dix-huit
19 dix-neuf

20 vingt (+1) 21 vingt-**et**-un
(+2) 22 vingt-deux
(+3) 23 vingt-trois
(+4) 24 vingt-quatre
…
30 trente (+1) 31 trente-**et**-un

2 Écoute et continue.

Listen and say the missing number.

Exemple: onze, douze … treize!

3 Lis et complète.

Copy the sums and write the missing number in figures.

Exemple: **a** = 13

a dix + trois = **…**
b onze + cinq = **…**
c vingt + onze = **…**
d vingt-neuf – quatre = **…**
e douze + treize = **…**
f trente – neuf = **…**

4 À deux.

Number ping-pong. **A** says a number 1–31 in English, **B** says it in French.

Exemple:

A *Eleven.*
B Onze.

5 **Écoute, lis et répète.**

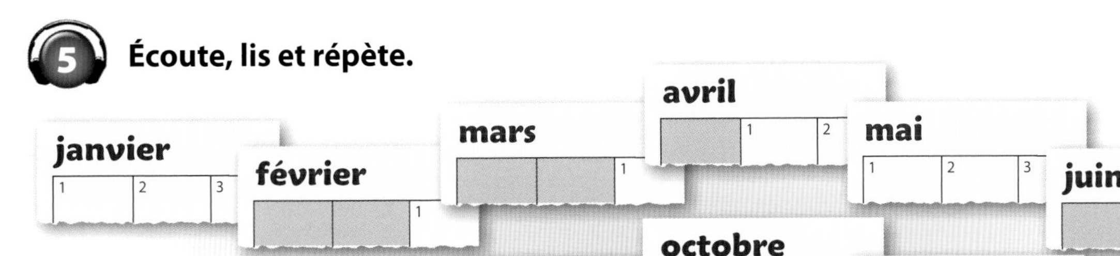

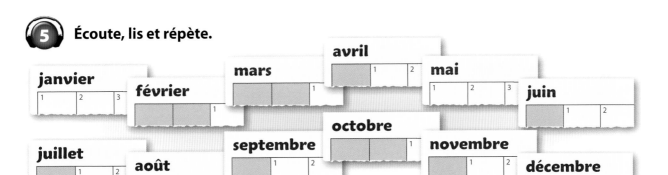

Lis et réponds.
Match the French dates (A–D) to 1–4 below.

Exemple: **1** = **B**

1 25th December
2 31st October
3 1st April
4 1st January

Quelle est la date aujourd'hui?
A Halloween
le trente-et-un octobre
B Noël
le vingt-cinq décembre
C le Jour de l'An
le premier janvier
D Poisson d'avril
le premier avril

Écoute et écris la date.
Listen and write down today's date.

Exemple: 11th Jan.

Écris la date.
Write out the dates in French.

Exemple: **a** = C'est le 22 septembre.

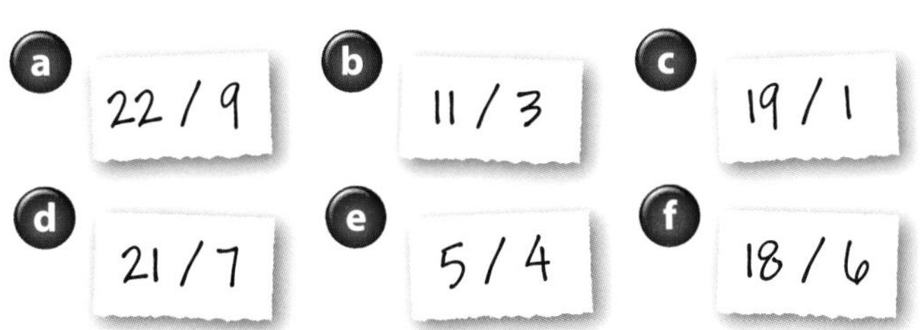

Quelle est la date aujourd'hui?		
C'est	le premier le douze le trente	janvier avril novembre

⚠ le premier = *the 1st*

4.2 J'ai onze ans

- Say how old you are
- Talk about birthdays

Lis et écoute. Qui parle?
Read the bubbles and match them to the correct picture.
Then listen to check.

Exemple: **1** = **b**

Tu as quel âge?

1

2

3

4

a J'ai dix ans.
b J'ai seize ans.
c J'ai vingt ans.
d J'ai trente ans.

Écoute (1–5). Note l'âge.
Listen and note each person's age.

Exemple: 1 = 12

Tu as	quel âge?	
J'ai	onze douze	ans.

À deux.
Interview each other, pretending you're the people in activity 1.

A Tu as quel âge? **B** J'ai seize ans.
A Tu es le numéro 1! **B** Oui.

Écris des bulles. (1–4)
Look at the dates of birth and work out each person's age.
Write a bubble for each person.

Exemple: **1** = J'ai (12) ans.

1

11 / 2 / 2000

2

21 / 12 / 1996

3

21 / 1 / 2008

4

17 / 10 / 1989

Lis et écoute.

Read about four boys' birthdays.
Listen and note the order you hear them.

Exemple: 1 = **d** (Omar)

C'est quand, ton anniversaire?

a

Mon anniversaire, c'est le 21 septembre.

b

Mon anniversaire, c'est le 1 septembre.

c

Mon anniversaire, c'est le 11 novembre.

d
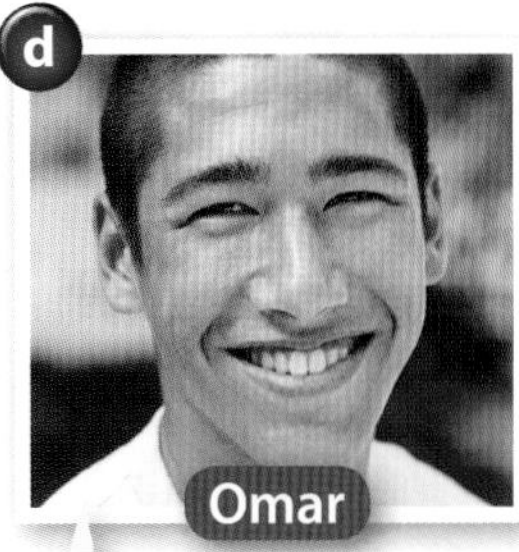

Mon anniversaire, c'est le 20 décembre.

Réécoute et note.

Listen again and note the birthdays in English.

Exemple: 20th Dec.

C'est quand, ton anniversaire?
Mon anniversaire, c'est le (12 janvier).

À deux.

Interview each other, pretending you're the people in activity 5.

A C'est quand, ton anniversaire?
B C'est le 20 décembre.
A Tu es Omar!
B Oui.

Top Tips!

Some words are useful when asking questions:

C'est **quoi**?	***What*** *is it?*
C'est **quand**?	***When*** *is it?*
Tu t'appelles **comment**?	***What's*** *your name?*
Tu as **quel** âge?	***What's*** *your age?*
Quelle est la date?	***What's*** *the date?*

Écris une bulle pour une célébrité.

Find a picture of a celebrity and write his or her birthday.

Exemple:

Je m'appelle Jamie Oliver. Mon anniversaire, c'est le 27 mai. J'ai (35) ans.

4.3 Noël: super ou nul?

- Say what you do on special occasions
- Give opinions

Alex

Noël, c'est super!

Noël, c'est nul!

Yasmina

1 Lis et relie.

Match sentences 1–8 to pictures a–h.

Exemple: **1** = **a**

1 Je joue avec des copains. Génial!
2 Je joue sur la PlayStation. Bof …

3 Je regarde la télé. Bof …
4 Je regarde des films. Génial!

5 Je mange des chocolats. Génial!
6 Je mange un gâteau. Bof …

7 J'ai des cartes. Bof …
8 J'ai des cadeaux. Génial!

a 

b 

c 

d 

e 

f 

g 

h 

2 Relis. Trouve le français.

Read sentences 1–8 again. Find the French for:

I play I watch I eat I have

Exemple: I play = je joue

3 Écoute Alex et Yasmina. Qui fait quoi?

Listen and note the correct pictures (a–h) for each person.

Exemple: Alex = **a**, …

4 Écris les activités a–h (page 32). Ajoute ton opinion.

Write your opinion of each birthday activity.

Exemple:

b = ☹ Je regarde la télé. Bof!

g = ☺ Je mange des chocolats. C'est génial!

☺	☹
(C'est) génial! (C'est) super!	Bof … (C'est) nul!

5 À deux.

A asks questions to find out how **B** celebrates his or her birthday. **B** answers with an opinion.

Exemple:

A Tu joues sur la PlayStation?
B Non, c'est nul.
A Tu joues avec des copains?
B Oui, je joue avec des copains. C'est génial!

Grammaire

Most verbs have regular endings:

	jouer (*to play*)	regarde**r** (*to watch*)	mange**r** (*to eat*)
je (*I*)	jou**e**	regard**e**	mang**e**
tu (*you*)	jou**es**	regard**es**	mang**es**

Je joue	avec des copains. sur la PlayStation.
Je regarde	des films. la télé.
Je mange	un gâteau. des chocolats.
J'ai	des cadeaux. des cartes.

6 Décris une fête.

Write four things about a special occasion.

Exemple:

Halloween, c'est super!
Je joue avec des copains. Je mange un gâteau.
Je regarde des films. J'ai des cadeaux.

4.4 Vocabulaire

onze	*11*
douze	*12*
treize	*13*
quatorze	*14*
quinze	*15*
seize	*16*
dix-sept	*17*
dix-huit	*18*
dix-neuf	*19*
vingt	*20*
vingt-et-un	*21*
vingt-deux	*22*
trente	*30*
trente-et-un	*31*

janvier	*January*
février	*February*
mars	*March*
avril	*April*
mai	*May*
juin	*June*
juillet	*July*
août	*August*
septembre	*September*
octobre	*October*
novembre	*November*
décembre	*December*

Quelle est la date?	*What's the date?*
aujourd'hui	*today*
C'est le (premier janvier).	*It's the (1st of January).*
Tu as quel âge?	*How old are you?*
J'ai (onze) ans.	*I'm (eleven) years old.*
C'est quand, ton anniversaire?	*When's your birthday?*
Mon anniversaire, c'est le (12 janvier).	*My birthday's on the (12th of January).*
C'est super!	*It's great!*
C'est génial!	*It's fantastic!*
C'est nul!	*It's rubbish!*
Bof!	*So so!*

Je joue avec des copains.	*I play with friends.*
Je joue sur la PlayStation.	*I play on the PlayStation.*
Je regarde la télé.	*I watch television.*
Je regarde des films.	*I watch films.*
Je mange des chocolats.	*I eat chocolates.*
Je mange un gâteau.	*I eat a cake.*
J'ai des cartes.	*I have cards.*
J'ai des cadeaux.	*I have presents.*

Sound French!

Some French sounds, like the sound in ***janvier*** or ***septembre***, come through the nose. Hold your nose and say these words:

septembre	**trente ans**
novembre	**comment**
décembre	**je mange**

I can …

- use numbers 1–31
- name the months of the year
- say what the date is
- say how old I am
- ask someone how old they are
- ask someone when their birthday is
- say when my birthday is
- recognise question words
- name activities I do on a special occasion
- give an opinion

Clic-test!

Écoute! (1–6)

Listen. Who speaks about this?

Exemple: 1 = **b**

a playing on a game console
b their age
c the month of Halloween
d the date
e their opinion
f their birthday

Lis!

Match each sentence to a picture.

Exemple: **1** = **d**

1 À Noël, j'ai des cadeaux.
2 Je joue avec des copains.
3 Je mange un gâteau.
4 Aujourd'hui, c'est mon anniversaire!
5 Tu regardes des films?
6 La télé, c'est nul!

Écris!

Copy and adapt sentences a–f to write about yourself.

Exemple: **a** = Je m'appelle Sophie.

a Je m'appelle Camille.
b J'ai 14 ans.
c Mon anniversaire, c'est le 18 décembre.
d Pour mon anniversaire, je joue avec des copains.
e Mon anniversaire, c'est génial!
f J'adore Noël!

Parle!

Mini-interview. Look at the photo. Imagine how he might answer the questions.

a Tu t'appelles comment? *Je m'appelle …*
b Tu as quel âge? *J'ai …*
c C'est quand, ton anniversaire? *C'est …*
d Tu joues avec des copains pour ton anniversaire? *Oui / Non, je …*
e Tu aimes Noël? *Oui / Non, …*
f Quelle est la date aujourd'hui? *C'est …*

5.1 Les matières

- Say what your favourite subject is
- Say which subjects you like and don't like

Unité 5 Le collège

Écoute, lis et répète.

Écoute et note l'ordre.

Listen and note the order of subjects a–j in activity 1.

Exemple: **c**, …

À deux.

A chooses a person and says what their favourite subject is. **B** works out who it is.

Exemple:

A Ma matière préférée, c'est l'anglais.

B Tu es Luc!

C'est quoi, ta matière préférée?

Ma matière préférée, c'est la technologie.

Luc

Écris.

Write your top ten school subjects, starting with the one you like best.

Exemple: **1** le français, **2** les sciences, …

Matières top en France

1 le français

2 les maths

3 l'histoire

5 Regarde le clip.

a Watch the video and note the subjects mentioned.

b Watch again. Draw a symbol to show what the speaker thinks.

Exemple: **a** geog. …
b geog. ❤, …

Tu aimes …?	
J'adore ❤ ❤	l'anglais
J'aime bien ❤	le français
Je n'aime pas beaucoup ✖	la musique
Je déteste ✖ ✖	la géographie
	les maths

6 Lis. C'est qui?

Read the Internet messages. Who …

a loves English?

b likes art?

c doesn't much like history?

d doesn't like PE?

e hates music?

f likes French?

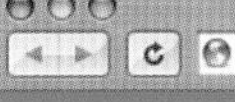

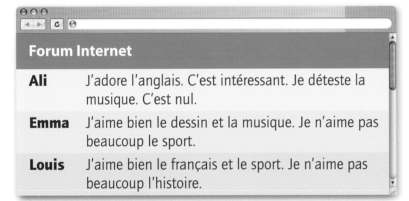

Forum Internet

Ali	J'adore l'anglais. C'est intéressant. Je déteste la musique. C'est nul.
Emma	J'aime bien le dessin et la musique. Je n'aime pas beaucoup le sport.
Louis	J'aime bien le français et le sport. Je n'aime pas beaucoup l'histoire.

Top Tips!

Reading

If there is a word you don't understand, try to work it out or guess it.

Can you guess the meaning of **intéressant** and **nul** in the Internet messages?

7 Sondage.

Do a survey to find the top three subjects in your class.

Exemple: **A** Tu aimes les maths?
B Oui, j'aime bien les maths.

8 Écris.

Write a message for the Internet forum. Give your opinion of each school subject.

Exemple: J'adore le dessin. Je n'aime pas beaucoup le sport …

5.2 Quelle heure est-il?

- Use numbers up to 60
- Say what time it is

Écoute, lis et répète.

trente quarante cinquante soixante

Écoute, répète et continue. (1–10)

Listen. Repeat the two numbers and give the following number.

Exemple: 1 = 20, 21 … 22

Top Tips!

These numbers all end in **-ty** in English and **-nte** in French.

À deux.

How quickly can you say each line correctly? Time each other.

a 60, 50, 40, 30

b 31, 32, 33, 34, 35

c 46, 47, 48, 49, 50, 51

d 52, 53, 54, 36, 39, 41, 43, 60, 37, 45

20 = vingt
30 = trente
40 = quarante
50 = cinquante
60 = soixante

Lis et réponds.

Write these sums (a–h) as figures, then choose the right answer from the coloured words below.

Exemple: **a** trente + trente = 30 + 30 = 60 (soixante)

a trente + trente = **…**

b vingt-deux + onze = **…**

c quarante-neuf + dix = **…**

d soixante – deux = **…**

e cinquante-cinq – huit = **…**

f quarante et un – vingt = **…**

g trente-trois – quatre = **…**

h vingt-six + trente = **…**

~~soixante~~ cinquante-neuf vingt-neuf cinquante-six

cinquante-huit quarante-sept vingt-et-un trente-trois

- 21, 31, 41, 51 use **et**: **vingt-*et*-un, trente-*et*-un, …**
- All the rest just use a hyphen: **vingt-deux, trente-trois, …**

À deux.

Write some sums (like in activity 4). Swap with your partner and do each other's sums.

Quelle heure est-il?

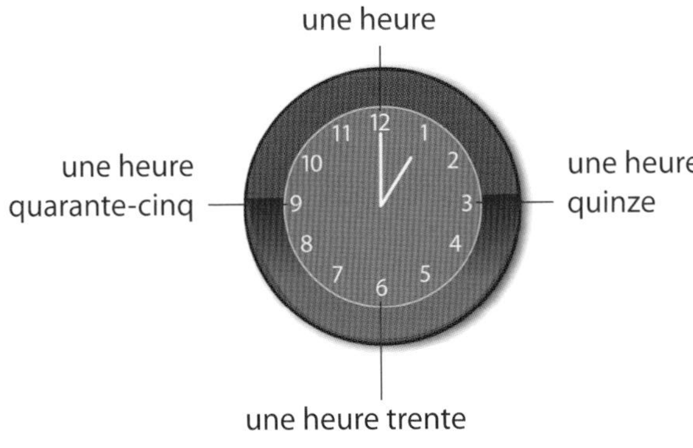

Il est minuit.

Il est midi.

Écoute (1–6). C'est quelle montre?
Listen. Which watch is it?

À deux.
A says a time (a–f). **B** points to it.

Exemple:

A Il est sept heures.
B *points to watch* ***a***.

a 

b 

c 

d 

10:30

Lis et réponds.

a Why isn't the teacher happy?
b What is he asking Toto?
c In what way is Toto being cheeky?
d How does Toto say "you" to his teacher?

Excusez-moi, monsieur.
Toto! Quelle heure est-il?

Il est huit heures quinze, monsieur.

Et les cours commencent à quelle heure, Toto?
À huit heures, monsieur. Vous avez oublié?

Vous avez oublié? = *Have you forgotten?*

5.3 Mon emploi du temps

- Name days of the week
- Say what day you have a subject

Emploi du temps

Heures / Jours	*lundi*	*mardi*	*mercredi*	*jeudi*	*vendredi*	*samedi*	*dimanche*
9 h	anglais	maths	maths	histoire	français		
10 h	musique	dessin	anglais	sciences	maths		
11 h	français	anglais	français	géographie	sport		
12 h–14 h				***Déjeuner***			
14 h	sport	sciences		dessin	histoire		
15 h	géographie			maths	anglais		
16 h	technologie	français					

Écoute, lis et répète.
Listen and repeat the days of the week on the timetable.

À deux: ping-pong.
A says the French name of a day, **B** says it in English.

Exemple: **A** mardi.
B *Tuesday.*

Lis et réponds.
Read the timetable and finish these sentences.

Exemple: **a** = On Mondays at ten o'clock we have music.

a On Mondays at ten o'clock, we have …
b On Tuesdays at eleven o'clock, we have …
c On Fridays at nine o'clock, we have …
d On Wednesdays at nine o'clock, we have …
e On Mondays at three o'clock, we have …
f On Thursdays at two o'clock, we have …

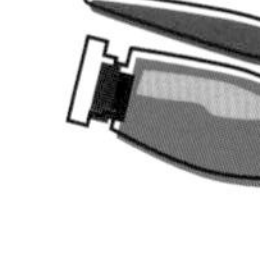

Lis. Vrai ou faux?

Read the timetable and the four speech bubbles. True or false?

Exemple: Manon = vrai

on = *we (especially when talking to friends)*

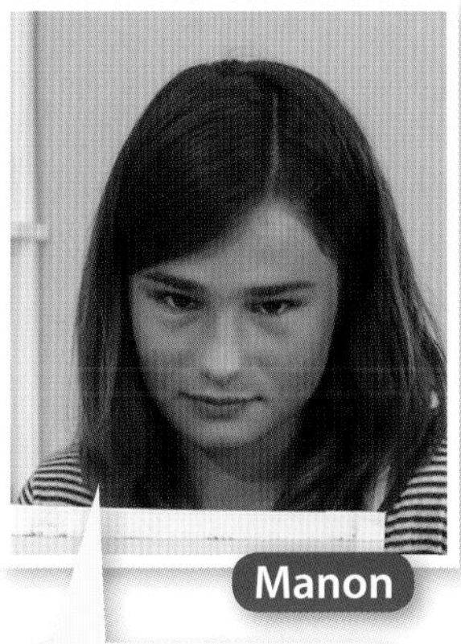

À deux.

A makes up statements about the timetable.
B says if they are true or false.

Exemple:
A Le jeudi, on a maths.
B Vrai.

Le	lundi, mardi, mercredi, jeudi, vendredi,	on a	technologie dessin français histoire anglais sport

Écris.

Write ten sentences about your own timetable.

Exemple: Le lundi, on a anglais.

Écoute la chanson.

Listen to the song. Note down:

- the days of the week mentioned
- the four subjects mentioned

5.4 Vocabulaire

C'est quoi, ta matière préférée?	*What is your favourite subject?*
Ma matière préférée, c'est (le sport).	*My favourite subject is (PE).*
l'anglais	*English*
le dessin	*art*
le français	*French*
la géographie	*geography*
l'histoire	*history*
la musique	*music*
la technologie	*technology*
les maths	*maths*
les sciences	*science*

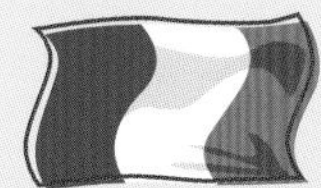

J'adore (le français).	*I love (French).*
J'aime bien (le dessin).	*I like (art).*
Je n'aime pas beaucoup (le sport).	*I don't much like (PE).*
Je déteste (l'histoire).	*I hate (history).*

trente	*30*
trente-et-un	*31*
trente-deux	*32*
trente-trois	*33*
quarante	*40*
cinquante	*50*
soixante	*60*

Quelle heure est-il?	*What time is it?*
Il est (une heure).	*It's (one o'clock).*
Il est deux heures quinze.	*It's 2.15.*
Il est trois heures trente.	*It's 3.30.*
Il est quatre heures quarante-cinq.	*It's 4.45.*
Il est midi.	*It's midday.*
Il est minuit.	*It's midnight.*

lundi	*Monday*
mardi	*Tuesday*
mercredi	*Wednesday*
jeudi	*Thursday*
vendredi	*Friday*
samedi	*Saturday*
dimanche	*Sunday*

le lundi	*on Mondays*

on a	*we have*
Le mardi, on a (sport).	*On Tuesdays, we have (PE).*

Sound French!

Some words are <u>written</u> the same in English and French, but they are <u>not pronounced</u> in the same way.

Compare how ***sport***, ***maths*** and ***sciences*** are pronounced in English and French.

I can ...

- say what my favourite subject is
- say which subjects I like
- say which subjects I don't like
- use numbers up to 60
- say what time it is
- name days of the week
- say what day I have a subject

Clic-test!

Écoute! (1–6)
Listen and note a or b.

Exemple: **1** = **b**

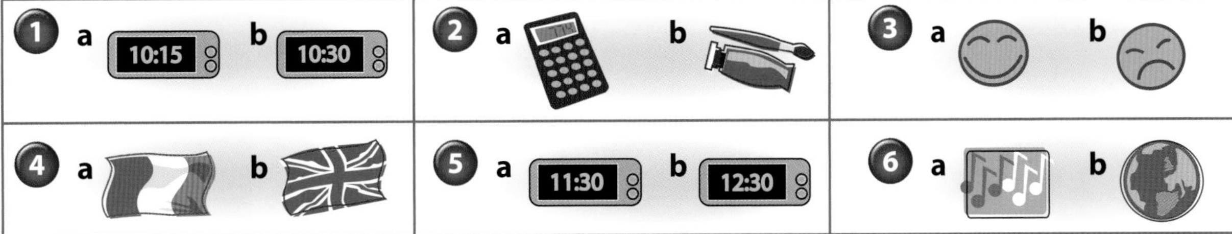

Lis!
Read Lola's text message.
List in English …

a three subjects she likes

b three subjects she doesn't like

Exemple: **a** = French, …

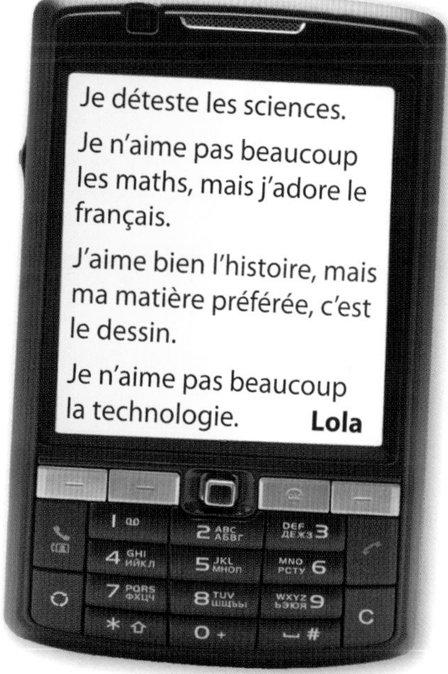

Je déteste les sciences.
Je n'aime pas beaucoup les maths, mais j'adore le français.
J'aime bien l'histoire, mais ma matière préférée, c'est le dessin.
Je n'aime pas beaucoup la technologie.
Lola

Parle!
Say these times.

Exemple: **a** = Il est neuf heures.

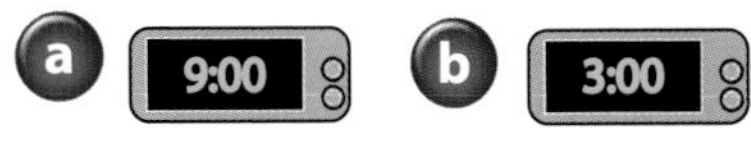

Choose two different subjects and explain which day you have them.

Exemple: Le lundi et le jeudi, on a technologie.
Le vendredi, on a dessin.

Écris!
Copy out and complete these sentences to write about yourself.

Exemple: **a** = On a français le mardi.

a On a français … (*give a day*)

b Le vendredi, on a … (*give a subject*)

c Ma matière préférée, c'est …

d Au collège, j'adore …

e J'aime bien …

f Je n'aime pas beaucoup …

g Je déteste …

6.1 Quel temps fait-il?

- Say what the weather is like
- Describe the weather in some French regions

1 Écoute, lis et répète.

il pleut

il neige

il y a du soleil

il y a du brouillard

il fait froid

il fait chaud

il y a de l'orage

il y a du vent

2 Écoute et note l'ordre des images. (1–8)

Listen and note the order of the pictures in activity 1.

Exemple: **5**, …

3 Quel temps fait-il aujourd'hui? Écris des phrases.

What is the weather like today? Write sentences for symbols a–h.

Exemple: **a** Aujourd'hui, il fait froid.

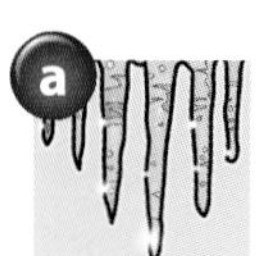

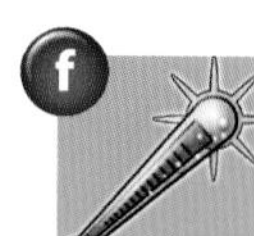

4 À deux.

Using the symbols in activity 3, ask and answer questions about the weather.

Exemple:

A Quel temps fait-il aujourd'hui?
B Il neige.
A C'est c!

la Picardie
Suzie
l'Alsace
Éric
le Poitou-Charentes
Léo
l'Auvergne
la Provence
Anya
Simon

Écoute. Qui parle?
Listen. Who's speaking?

Exemple: 1 = Léo

Écoute les jeunes (1–5). Quel temps fait-il?
Listen and note the letter of the symbol from activity 3.

Écris une bulle pour chaque personne de l'activité 5.
Write a speech bubble for each person in activity 5.

Exemple: **Léo**: Ma région, c'est le Poitou-Charentes.
Aujourd'hui, il y a du vent.

Ma région, c'est	le Poitou-Charentes la Picardie la Provence l'Alsace l'Auvergne
Aujourd'hui,	il fait froid il fait chaud il y a du vent il y a du soleil il y a du brouillard il y a de l'orage il pleut il neige

6.2 Tu habites où?

- Say where you live
- Give an opinion

Écoute, lis et répète.

J'habite ...

A dans une petite ville

B dans une grande ville

C dans un village

D à la campagne

E à la montagne

F au bord de la mer

Écoute (1–6). Note les photos.

Note the photos in the order you hear them.

Exemple: 1 = **E**

À deux.

A chooses a place (A–F) in secret.
B asks questions to work out which it is.

Exemple: **B** Tu habites à la campagne?
A Non.
B Tu habites dans une grande ville?
A Oui!

Tu habites	où?	
J'habite	dans	un village une petite ville une grande ville
	à la	campagne montagne
	au	bord de la mer

Regarde les lettres et écris les phrases.

Write sentences using A–F from activity 1.

Exemple: **a** = J'habite (A) dans une petite ville (D) à la campagne.

a	A + D	**c**	B + F
b	A + E	**d**	C + D

5 Lis et regarde les photos.

Work out where each person lives.

Exemple: Suzie: **1** = **C** (Amiens)

Tusson

Bellefontaine

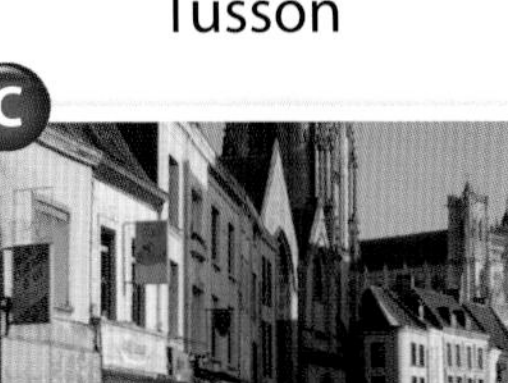

Amiens

Sanary

J'habite à **1**. C'est une grande ville.

J'habite à **2**. C'est un village à la campagne.

J'habite à **3**. C'est une petite ville au bord de la mer.

J'habite à **4**. C'est un village à la montagne.

6a Écoute et vérifie.

Listen and check your answers to activity 5.

6b Réécoute. Note les opinions.

Listen and note whether the four teenagers like where they live or not.

Exemple: Suzie = ☺

C'est super!
C'est génial!
Moi, j'adore!

Bof!
C'est nul!
Moi, je n'aime pas.

7 Regarde le clip. Note.

Watch the video. Note places A–F (page 46) as you hear them. Do people like where they live or not?

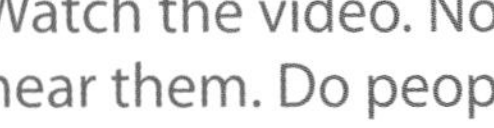

Exemple: 1 = **B** + ☺

8 Sondage: "Ta ville, c'est super ou c'est nul?"

Answer a survey. Say where you live and whether you like it or not.

Exemple: J'habite à Manchester. C'est une grande ville.
C'est super!

6.3 Ma chambre

- Say what there is in your bedroom
- Explain why you like or dislike it

1 Écoute, lis et répète.

une chaise

une petite table

un lit

une lampe

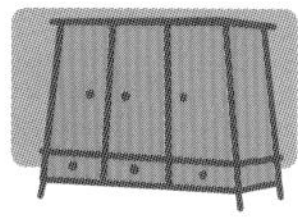
une armoire

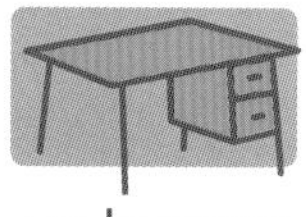
un bureau

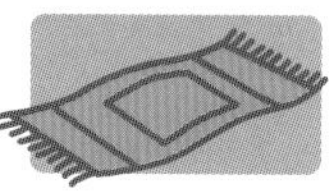
un tapis

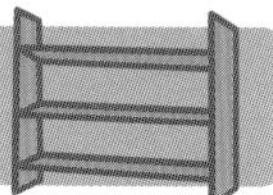
des étagères

2 À deux.

A names five items in activity 1.
B works out the missing three.

Exemple:

A Un lit, une lampe, une chaise, un tapis **et** un bureau.
B Une petite table, des étagères **et** une armoire.

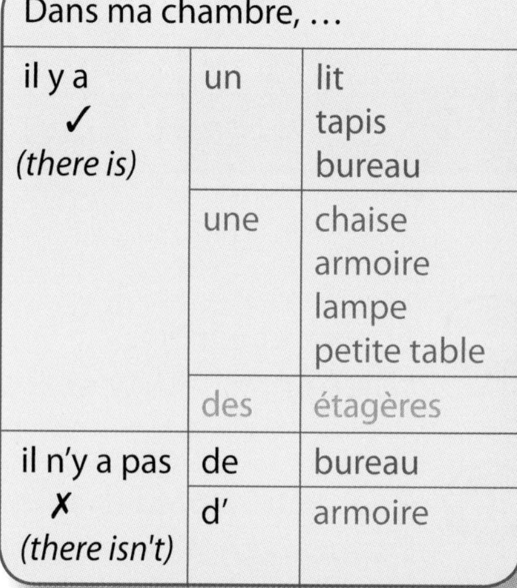

Dans ma chambre, …		
il y a ✓ *(there is)*	un	lit tapis bureau
	une	chaise armoire lampe petite table
	des	étagères
il n'y a pas ✗ *(there isn't)*	de	bureau
	d'	armoire

3 Écoute. Qui est Van Gogh?

Look at the painting of Van Gogh's bedroom. Listen. Who is the "real" Van Gogh? Person 1 or 2?

4 Décris la chambre de Van Gogh.

Write a description of Van Gogh's bedroom. Compare with a partner.

Exemple:

Dans ma chambre, il y a (un lit), …
Il n'y a pas de (lampe).

La chambre de Van Gogh (1889)

5 Relie.

Match the French with the English phrases. Read the **Top Tips!** first.

Exemple: **1** = **d**

1 C'est grand.	**a** *It's small.*
2 C'est petit.	**b** *It's ugly.*
3 C'est moderne.	**c** *It's pretty.*
4 C'est vieux.	**d** *It's big.*
5 C'est joli.	**e** *It's modern.*
6 C'est moche.	**f** *It's old.*

Top Tips!

Look for words that are similar in French and English:

moderne = *modern*

Look up the words you can't work out in the Glossary or a dictionary.

6 Regarde la chambre de Khalida. Écoute et lis.

Listen and read. Then, close your book. Write in English four things Khalida says about her room.

Exemple: There is a bed, …

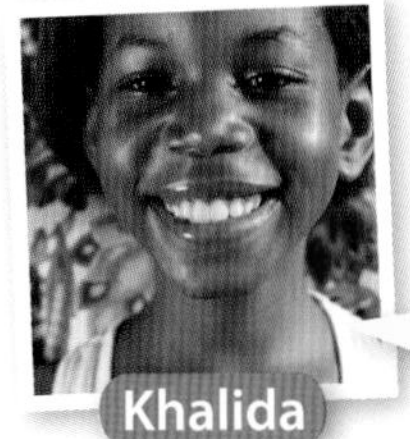

Dans ma chambre, il y a un lit.

Il y a aussi un bureau, une chaise, une armoire, des étagères, une lampe **et** une commode.

Il n'y a pas de petite table.

Ma chambre, c'est moche **mais** c'est grand.

J'aime bien ma chambre **parce que** c'est moderne!

Top Tips!

Use these words to make longer sentences:

et = *and*
mais = *but*
parce que = *because*

7 Dessine et décris ta chambre.

Draw or paint your bedroom (like Van Gogh!) and label it. Write a description.

Exemple:

Dans ma chambre, il y a un lit …
Il n'y a pas de bureau.

C'est moderne mais c'est petit.

Je n'aime pas ma chambre parce que c'est moche.

J'aime bien ma chambre ☺	parce que	c'est	grand moderne joli
Je n'aime pas ma chambre ☹			petit vieux moche

6.4 Vocabulaire

Quel temps fait-il?	*What's the weather like?*
aujourd'hui	*today*
Il pleut.	*It's raining.*
Il neige.	*It's snowing.*
Il y a du soleil.	*It's sunny.*
Il y a du brouillard.	*It's foggy.*
Il fait froid.	*It's cold.*
Il fait chaud.	*It's hot.*
Il y a de l'orage.	*It's stormy.*
Il y a du vent.	*It's windy.*

Ma région, c'est …	*My region is …*
Tu habites où?	*Where do you live?*
J'habite …	*I live …*
dans une petite ville	*in a small town*
dans une grande ville	*in a big city*
dans un village	*in a village*
à la campagne	*in the countryside*
à la montagne	*in the mountains*
au bord de la mer	*by the sea*
J'habite à (Bellevue).	*I live in (Bellevue).*

Dans ma chambre, il y a …	*In my bedroom, there is / are …*
un lit	*a bed*
un bureau	*a desk*
un tapis	*a rug*
une chaise	*a chair*
une petite table	*a little table*
une lampe	*a lamp*
une armoire	*a wardrobe*
des étagères	*shelves*
Il n'y a pas de (tapis).	*There is no (rug).*
Il n'y a pas d'(armoire).	*There is no (wardrobe).*
C'est grand.	*It's big.*
petit	*small*
moderne	*modern*
vieux	*old*
joli	*pretty*
moche	*ugly*
et	*and*
mais	*but*
parce que	*because*

Sound French!

You don't normally pronounce the final **s**, **t** or **d** in a French word:

tapis	**dans**	**froid**
il pleut	**vent**	**grand**

Go through Unit 6 and find more examples of a silent **s**, **t** or **d** at the end of words.

I can …

- ask what the weather is like
- say what the weather is like
- say whether I live in a city, a small town or a village
- say whether I live in the countryside or mountains, or by the sea
- say what there is in my bedroom
- say what my bedroom is like
- explain why I like or don't like it

Clic-test! 6.4

Écoute! (1–6)

Listen and match. Who lives … ?

Exemple: 1 = **f**

a in a small town by the sea
b in a small town
c in a small town in the mountains
d in a village by the sea
e in a village in the countryside
f in a big French city

Lis!

Read the descriptions and look at the picture.
Choose a or b each time to describe the room.

Exemple: **1** = **a**

1	**a** Il y a un lit.	**b** Il n'y a pas de lit.
2	**a** Il y a un bureau.	**b** Il n'y a pas de bureau.
3	**a** Il y a une chaise.	**b** Il n'y a pas de chaise.
4	**a** Il y a une lampe.	**b** Il n'y a pas de lampe.
5	**a** Il y a des étagères.	**b** Il n'y a pas d'étagères.
6	**a** Il y a une armoire.	**b** Il n'y a pas d'armoire.

il y a = ✓ *there* is (or *there are*)
il n'y a pas = ✗ *there isn't* (or *there aren't*)

Écris!

Write the weather report.

Exemple: **a** = Il fait froid.

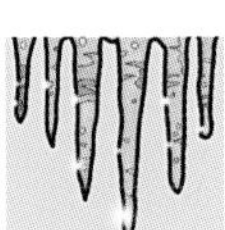

Parle!

Complete these sentences to speak about yourself.

a Ma région, c'est … *(region or county that you live in)*
b J'habite dans … *(what sort of place you live in – town, village …?)*
c Dans ma chambre, il y a … *(what there is in your bedroom)*
d J'aime (*or* Je n'aime pas) ma chambre parce que c'est … *(why you like or don't like your room)*
e Aujourd'hui, il … *(today's weather)*

7.1 C'est ma famille

- Introduce your family
- Say how many brothers and sisters you have

Lis. C'est qui?
Read the family chart. Can you work out the English for all the family words?

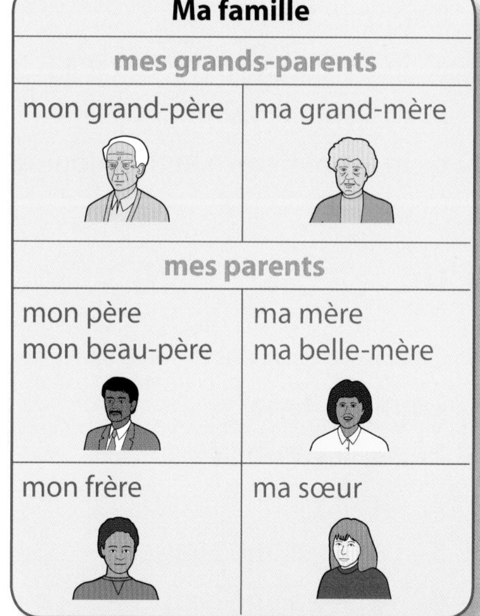

Ma famille
mes grands-parents
mon grand-père
ma grand-mère
mes parents
mon père
mon beau-père
ma mère
ma belle-mère
mon frère
ma sœur

Top Tips!

To help you work out the meaning of a new word:

- use any picture clues
- be logical: make a sensible guess

On the family chart, is it more logical that **mon beau-père** means *stepfather* or *aunt*? How did you decide?

Écoute, lis et répète.

Regarde et présente.
A pretends to be Lisa Simpson and introduces each member of the family.
B points to the family member.

Exemple: **A** C'est mon frère, Bart.
B *points to Bart Simpson.*

Grammaire

	the	a	my
masculine	**le**	**un**	**mon**
feminine	**la**	**une**	**ma**
plural	**les**	**des**	**mes**

La famille Simpson

4 Écris.

Invent a character and their family for a new cartoon strip. Draw and label each family member.

	Thomas Lucas Hugo Baptiste Pierre Paul
	Anne Léa Manon Justine Pauline Marie

Exemple:

Bonjour! Je m'appelle Jo.
C'est mon frère, Lucas.
C'est ma grand-mère, Anne.

5 Choisis et écris deux membres de la famille. Regarde le clip.

Choose two family members. Watch the video and tick each word every time you hear it. Which word has more ticks?

Exemple: mes grands-parents ✓
mon père ✓ ✓

J'ai	un frère / deux frères une sœur / deux sœurs
Je n'ai pas	de frères de sœurs de frères et sœurs

6 Lis. C'est qui?

Read and match speech bubbles a–e with pictures 1–5.

a Je m'appelle Théo. J'ai un frère.

b Je m'appelle Sarah. J'ai un frère et une sœur.

c Je m'appelle Karim. J'ai deux sœurs et un frère.

d Je m'appelle Nejma. Je n'ai pas de frères et sœurs.

e Je m'appelle Paul. J'ai une sœur. Je n'ai pas de frères.

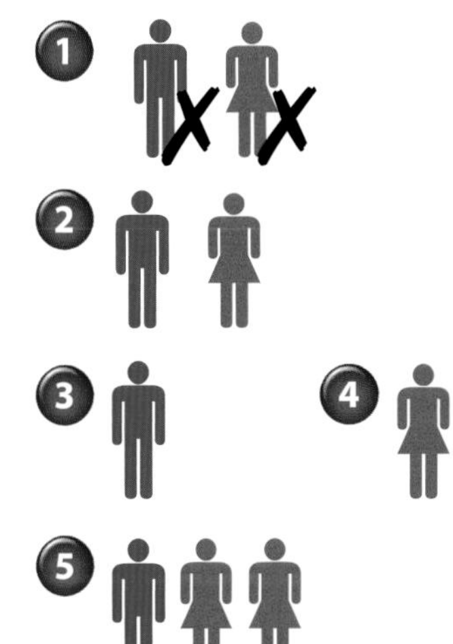

7 Écris.

Write six different bubbles using the language grid. Draw symbols for each one.

Exemple: Je n'ai pas de frères et sœurs.

7.2 Il est comment?

- Say what someone looks like

1 Écoute, lis et répète.

il = *he*
elle = *she*

Il est grand.
Elle est grande.
Il est brun.
Elle est brune.
Il est mince.
Elle est mince.
Il est petit.
Elle est petite.
Il est roux.
Elle est blonde.
Il est gros.
Elle est grosse.

2a Lis et choisis.

Exemple: **1** = **b**

1	Harry Potter est	**a**	grand.	**b**	petit.
2	Il est	**a**	blond.	**b**	brun.
3	Il est	**a**	mince.	**b**	gros.
4	Hermione est	**a**	brune.	**b**	rousse.
5	Elle est	**a**	petite.	**b**	grande.
6	Elle est	**a**	mince.	**b**	grosse.

Harry Potter

Hermione Granger

2b Écris trois phrases pour Harry et trois pour Hermione.

Write three sentences each for Harry and Hermione.

Exemple: Harry est petit. Il est …

3 Écoute (1–6). C'est Harry ou Hermione?

Exemple: 1 = Harry

À deux.

A shows **B** the names of three famous people.
A describes one of the people.
B guesses who it is.

Exemple:

A *(writes Prince Harry, Robert Pattinson, Ronaldo)*
Il est brun. Il est grand et il est mince.

B C'est Ronaldo?

A Oui. (*or* Non.)

Il est		Elle est	
	grand petit gros mince blond brun roux		grande petite grosse mince blonde brune rousse

Remember: **adjectives** must match the person they describe:
Mon frère est **grand.**
Ma sœur est **grande.**

Lis les messages et complète les phrases.

Exemple: **1** = thin

1. Camille's mum is tall and …
2. Her mum has … hair.
3. Her stepdad has … hair.
4. Her dad is …
5. Valentin's brother is … and thin.
6. Valentin has a … called Chloé.
7. Chloé is small and quite …
8. Valentin's mum has … hair.

Ma mère est grande et mince. Elle est brune.
Mon beau-père est grand et gros. Il est roux.
Mon père est grand et mince. Il est blond.
Je n'ai pas de frères et sœurs.
Camille, 12 ans

Mon frère Antoine est brun. Il est petit.
Il est mince.
Ma sœur Chloé est blonde. Elle est petite et assez grosse.
Ma mère est petite et assez mince.
Elle est blonde aussi.
Valentin, 13 ans

assez = *quite*

blonde tall red sister small brown ~~thin~~ fat

Décris ta famille. Écris 6–10 phrases.

Write 6–10 sentences to describe your family.

Exemple: Mon frère est brun. Il est petit, ….

7.3 Mon caractère

- Describe your personality
- Describe someone else's personality

1 Lis et explique.

What do you think Dracula is saying? Explain in English.

Je m'appelle Dracula.
Je suis intelligent,
sportif … et timide!

	♂	♀
Je suis	**a** sportif	sportive
Tu es	**b** bavard	bavarde
Il est	**c** généreux	généreuse
Elle est	**d** intelligent	intelligente
	e gentil	gentille
	f drôle	
	g égoïste	
	h timide	

2 Lis et relie.

Match the French adjectives (a–h) to the English words below.

Work out as many as you can, then use the Glossary (page 91) to help.

Exemple: **a** sportif / sportive = sporty

funny | intelligent | talkative | shy

selfish | ~~sporty~~ | nice | generous

3 Écoute et répète.

4 Écris.

Which adjectives (a–h) would you like to apply to you?

Write a list in order, starting with the one you'd most like to be.

Exemple: **1** Je suis généreux, …

Top Tips!

To remember words and phrases:

- write them on two-sided cards: French on the front and English on the back
- keep them in an envelope or box
- test yourself (or a friend) every week to see how much you remember

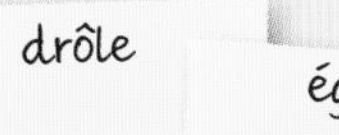

drôle
égoïste

5 Joue au Loto.

Play Adjective Bingo. Write four words from the list (page 56). Tick them when they are called.

Exemple: timide drôle ✓ bavard sportif

6 À deux.

Write three adjectives to describe yourself.

How many guesses does your partner need to find them?

A Tu es généreuse?
B Non.
A Tu es timide?
B Oui!

7 Lis et complète.

Read Dracula's MSN message. Choose a word from the spider's web to fill each gap in 1–5.

Exemple: **1** = funny

1 Dracula's brother is ...

2 His ... is kind.

3 His ... is intelligent.

4 His grandfather is ...

5 His sister is very ...

mother father shy sporty funny

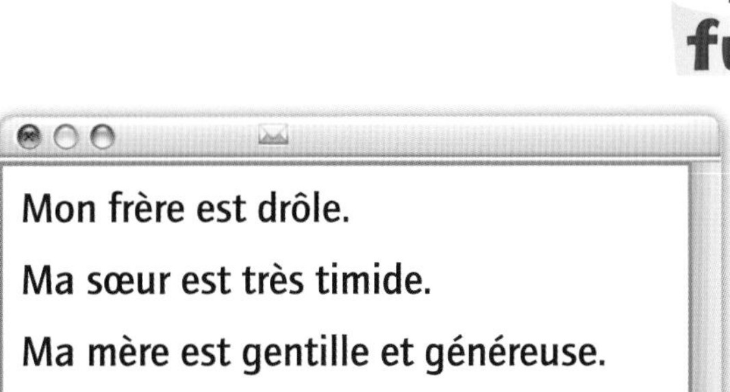

Mon frère est drôle.

Ma sœur est très timide.

Ma mère est gentille et généreuse.

Mon père est intelligent mais égoïste.

Mon grand-père est très sportif.

très = *very*

8 Écris.

Describe each member of your family.

Exemple: Ma mère est gentille et sportive.
Mon beau-père est très drôle ...

7.4 Vocabulaire

C'est …	*This is …*
mon frère	*my brother*
ma sœur	*my sister*
mes parents	*my parents*
mon père	*my dad*
ma mère	*my mum*
mon beau-père	*my stepdad*
ma belle-mère	*my stepmum*
mes grands-parents	*my grandparents*
mon grand-père	*my grandfather*
ma grand-mère	*my grandmother*

J'ai …	*I've got …*
un frère	*one brother*
deux frères	*two brothers*
une sœur	*one sister*
deux sœurs	*two sisters*
Je n'ai pas de …	*I haven't got any …*
frères	*brothers*
sœurs	*sisters*
frères et sœurs	*brothers and sisters*

Il est grand.	*He is tall.*
Elle est grande.	*She is tall.*
Il est petit.	*He is small.*
Elle est petite.	*She is small.*
Il est mince.	*He is slim.*
Elle est mince.	*She is slim.*

Il est gros.	*He is fat.*
Elle est grosse.	*She is fat.*
Il est blond.	*He has blonde hair.*
Elle est blonde.	*She has blonde hair.*
Il est brun.	*He has dark hair.*
Elle est brune.	*She has dark hair.*
Il est roux.	*He has red hair.*
Elle est rousse.	*She has red hair.*
Ma mère est assez grande.	*My mum is quite tall.*
Mon père est très mince.	*My dad is very slim.*

Je suis …	*I am …*
Tu es …	*You are …*
Il est …	*He is …*
Elle est …	*She is …*
bavard / bavarde	*talkative*
généreux / généreuse	*generous*
gentil / gentille	*nice*
intelligent / intelligente	*intelligent*
sportif / sportive	*sporty*
drôle	*funny*
égoïste	*selfish*
timide	*shy*

Sound French!

The French "r" is made at the back of the throat.

Listen. Can you say these words with a really French accent?

bavard drôle généreux sportif

Find other words with the "r" sound on this page and practise saying them.

I can …

- introduce my family
- say how many brothers and sisters I have
- say if someone is tall or small
- say if someone is fat or slim
- say what colour hair someone has
- understand and use *il* and *elle*
- describe my personality
- describe someone else's personality

Clic-test!

1 Écoute! (1–6)

Listen and match each conversation to a picture.

Exemple: 1 = **f**

a 

b 

c 

d 

e 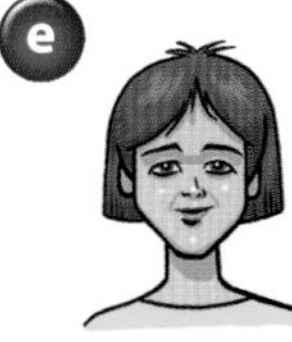

f 

2 Lis!

Read Claire's text message. List in English …

a three words to describe what her brother looks like
b three words to describe his personality

Exemple: **a** = fat, …

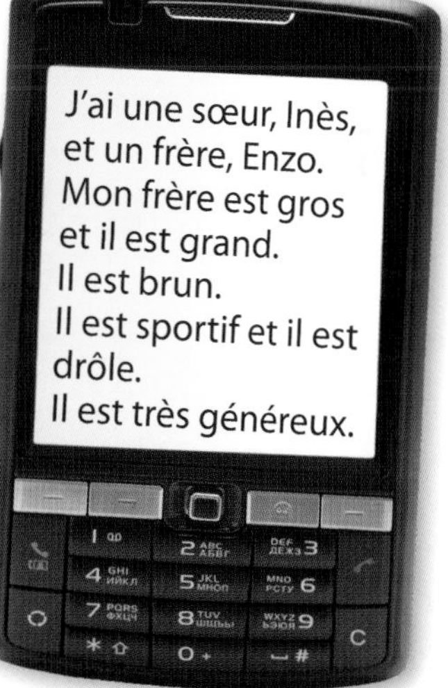

J'ai une sœur, Inès, et un frère, Enzo.
Mon frère est gros et il est grand.
Il est brun.
Il est sportif et il est drôle.
Il est très généreux.

3 Parle!

Say five things to describe your appearance and personality.

Exemple: Je suis (timide). Je suis (mince) …

tall? small? slim? hair colour? generous?

sporty? talkative? funny? selfish? nice?

4 Écris!

Invent a family for Clément (at least three people).

Write a speech bubble where he:

- introduces each one
- says something about them (looks and personality)

Exemple:

C'est mon père. Il est grand.
C'est ma mère. Elle est petite.
C'est mon frère, Nathan. Il est gentil.

8.1 C'est bon!

- Name food items
- Say what you like eating

Écoute, lis et répète.

☺ C'est bon!

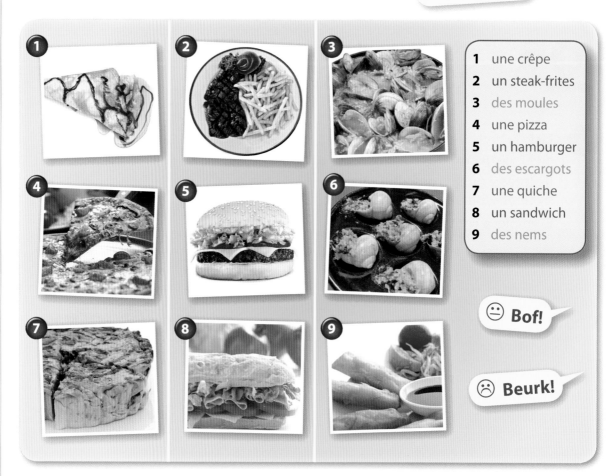

1. une crêpe
2. un steak-frites
3. des moules
4. une pizza
5. un hamburger
6. des escargots
7. une quiche
8. un sandwich
9. des nems

😐 Bof!

☹ Beurk!

À deux.

Look at the photos and cover the names of the food. Take turns to test each other.

Exemple: **A** Numéro 1, c'est quoi?
B C'est une crêpe.

Écris.

Write the food (1–9) in order of what you like best.

Exemple: 1 = un steak-frites, 2 = …

Top Tips!

Some words are the same or similar in both English and French, which helps you to learn them!

How many can you find in 1–9 above?

Écoute. (1–9)
Listen and draw the correct symbol for each person.

Exemple: 1 = ☺

Tu aimes …?	
❤ J'adore …	le steak-frites
☺ J'aime bien …	les hamburgers
😐 Je n'aime pas beaucoup …	les sandwichs
☹ Je déteste …	les crêpes
	les pizzas
	les quiches
	les moules
	les escargots
	les nems

Parle en classe.
Ask your classmates what food they like. Find someone who likes:

- at least three things that you like
- at least three things that you don't like

Exemple:

A J'adore les crêpes. Tu aimes les crêpes?
B Bof, je n'aime pas beaucoup les crêpes.
C J'adore ça!

Top Tips!

Use **ça** if you don't want to repeat the name of the food:

A Tu aimes les pizzas?
B Oui, j'aime **les pizzas**
or Oui, j'aime **ça**.

Lis et réponds.
Read Omar's message. Answer questions a–d.

a Where is Omar from?
b What is the well-known dish from his country?
c What sort of dish is "chorba"?
d How does Omar say "I prefer"?

Omar

«Mon pays, c'est l'Algérie.
Ici, il y a le couscous. Le couscous, c'est bon! Moi, j'adore ça.
Il y a aussi la chorba. C'est une soupe. Je n'aime pas beaucoup ça.
Je préfère le couscous.
Et toi, tu aimes quoi?»

Écris.
Write a message like Omar's about a well-known dish from your country.

Exemple:

Mon pays, c'est l'Écosse. Ici, il y a les haggis.
Les haggis, c'est bon, j'aime bien ça.

or

Les haggis, je n'aime pas beaucoup ça.
Je préfère les pizzas!

8.2 Je vais au café

- Say where you go when you eat out
- Say what you would like to eat

Je vais …

au restaurant

au café

au fast-food

à la pizzeria

à la crêperie

à la cafétéria

Écoute. C'est quelle photo? (1–6)

Exemple: 1 = photo **2**

I go ***to the*** … = Je vais { **au** (+ masculine word) / **à la** (+ feminine word) }

Réécoute et répète.

Exemple: Je vais au café.

Je vais	au	café restauraunt fast-food
	à la	cafétéria pizzeria crêperie

À deux.

Dice game. Be the first to say all six places!

Exemple: **A** Tu vas où?

B = photo **3** = Je vais au fast-food.

Écris.

Write six sentences, starting with the place you like best.

Exemple: **1** Je vais à la pizzeria. **2** Je vais …

Regarde le clip.

Watch the video clip. Write the numbers of photos 1–6 (in activity 1) in the order they are mentioned.

Lis et réponds.
Exemple: **a** = Marie

a Who suggests eating at a pizzeria?
b Why isn't Sara keen?
c Who hates hamburgers?
d What would Marie like to eat?
e What is Sara's final suggestion?
f How do you say "I would like" in French?

Marie: On mange à la pizzeria? Je voudrais une pizza.
Sara: Je n'aime pas les pizzas. Je voudrais un hamburger.
Marie: Oh non, je déteste ça! Je préfère les crêpes.
Sara: Oui, c'est bon. On mange à la crêperie?
Marie: OK!

Écoute (1–2). Choisis a ou b.

1 They're going to eat:
a pancakes **b** steak and chips

2 The boy hates:
a pizzas **b** hamburgers
The boy would like:
a a pizza **b** steak and chips with salad

Je voudrais (une pizza).
= *I would like (a pizza).*
On mange (au café)?
= *Shall we eat (at the café)?*

Adapte et écris la conversation.
Write a conversation, changing the highlighted words in activity 4. Use the words on the right.

Exemple: On mange à la cafétéria?
Je voudrais une salade.

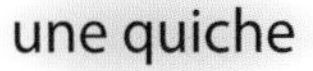
une quiche
les salades
au restaurant
~~à la cafétéria~~
les moules
~~une salade~~

À deux.
In pairs, perform your dialogue for the rest of the class.

Exemple:

A On mange à la cafétéria? Je voudrais une salade.
B Je n'aime pas les salades. Je voudrais une quiche …

8.3 S'il vous plaît!

- Name flavours and fillings
- Order a snack

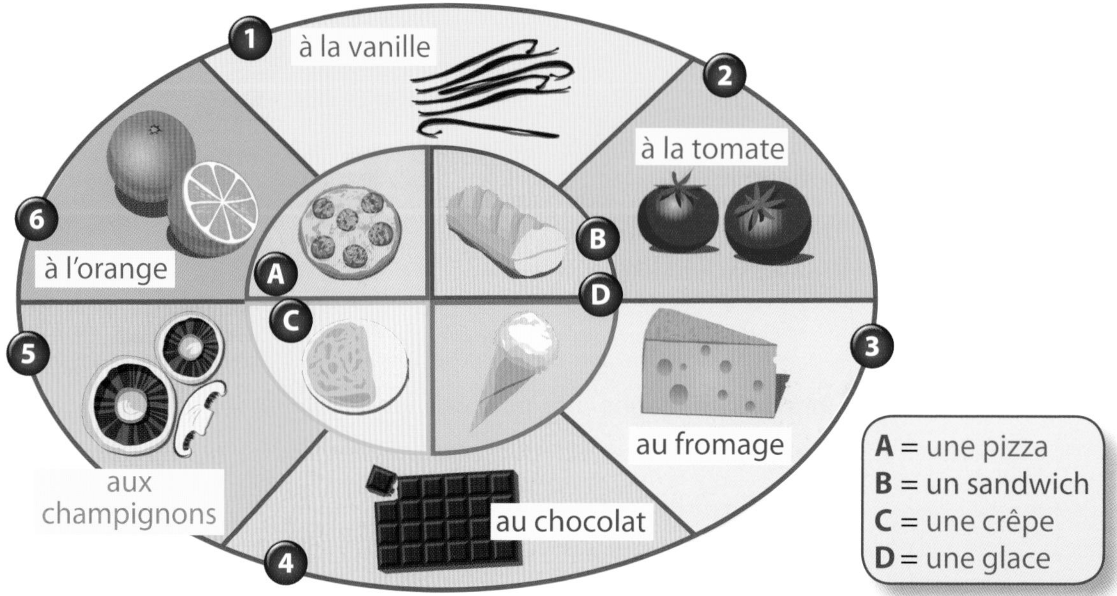

A = une pizza
B = un sandwich
C = une crêpe
D = une glace

Écoute, lis et répète.
Which flavours and fillings are the same or similar in French and English?

Écoute (1–7). Note les numéros.
Listen and note the letter of the snack and the number of the flavour or filling.

Exemple: 1 = **A** (pizza) + **2** (tomate)

Lis et note les numéros.
Read orders a–e. Note the letter and number of the items in the picture.

Exemple: **a** = **C** + **2**

- **a** Une crêpe **à la** tomate, s'il vous plaît!
- **b** Un sandwich **au** fromage, s'il vous plaît!
- **c** Je voudrais une pizza **aux** champignons.
- **d** Je voudrais une glace **à** l'orange.
- **e** Je voudrais une glace **au** chocolat.

Grammaire

	à	***+ flavour or filling or topping***
masculine	**au**	chocolat
feminine	**à la**	vanille
plural	**aux**	champignons
words starting with a, e, i, o, u	**à l'**	orange

4 Écoute, lis et relie.

Exemple: **a** = **3**

a Will that be all?

b Hello! What would you like?

c Yes, thank you.

d I'd like a cheese pancake, please.

e Thank you. Bye!

f Here you are. Enjoy your meal!

1 Bonjour! Vous désirez?
2 Je voudrais une crêpe au fromage, s'il vous plaît.
3 C'est tout?
4 Oui, merci.
5 Voilà, une crêpe au fromage. Bon appétit!
6 Merci! Au revoir!

5 Écoute et réponds. (1–3)

Listen. Which person orders a–d?

Exemple: 1 = **a**

a 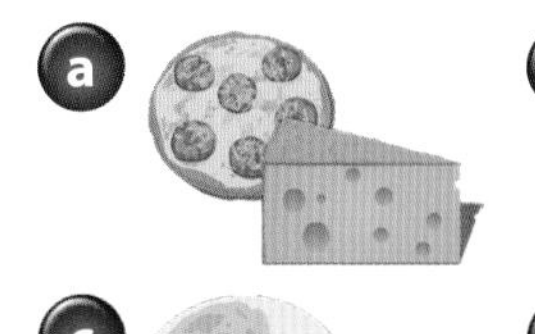

b 

c 

d 

6 À deux.

In pairs, write a scene like the one in activity 4. Change the highlighted words.

Exemple: **A** Bonjour! Vous désirez?
B Je voudrais une glace au chocolat, s'il vous plaît. …

7 À deux.

Perform your scene for the rest of the class. Give the customer and the waiter a personality: grumpy, enthusiastic, …

Je voudrais …			
un sandwich une pizza une crêpe une glace	**au**	fromage chocolat	, s'il vous plaît.
	à la	tomate vanille	
	à l'	orange	
	aux	champignons	

8.4 Vocabulaire

un steak-frites	*a steak with chips*
un hamburger	*a hamburger*
un sandwich	*a sandwich*
une crêpe	*a pancake*
une pizza	*a pizza*
une quiche	*a quiche*
des moules	*mussels*
des escargots	*snails*
des nems	*spring rolls*

Tu aimes (les pizzas)?	*Do you like (pizzas)?*
Beurk!	*Yuck!*
Bof!	*So so!*
C'est bon!	*It's good.*
J'adore (les crêpes).	*I love (pancakes).*
J'aime bien ça.	*I like that.*
Je n'aime pas beaucoup (les nems).	*I'm not too keen on (spring rolls).*
Je déteste ça.	*I hate that.*
Je préfère (les hamburgers).	*I prefer (hamburgers).*

Je vais …	*I go …*
au café	*to the café*
au restaurant	*to the restaurant*
au fast-food	*to the fast-food place*
à la cafétéria	*to the cafeteria*
à la pizzeria	*to the pizzeria*
à la crêperie	*to the pancake restaurant*
Je voudrais (une pizza).	*I'd like (a pizza).*
On mange (au café)?	*Shall we eat (at the café)?*

une (glace) à la vanille	*a vanilla (ice cream)*
une (pizza) à la tomate	*a tomato (pizza)*
un (sandwich) au fromage	*a cheese (sandwich)*
une (crêpe) au chocolat	*a chocolate (pancake)*
une (crêpe) aux champignons	*a mushroom (pancake)*
une (glace) à l'orange	*an orange (ice cream)*

Je voudrais (une crêpe), s'il vous plaît.	*I'd like (a pancake), please.*
C'est tout?	*Will that be all?*
Merci.	*Thank you.*

Sound French!

The French sound "ou" sounds like "oo" in "boot", not like "ou" in "loud":

Tu vas où? le couscous C'est tout?

Have a go at saying these French words with the "ou" sound:

bout coût goût foule moule poule

I can …

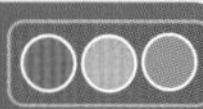

- name food items
- say what I like eating
- say what I don't like
- ask someone what they like eating
- say where I go when I eat out
- say what I would like to eat
- name flavours and fillings
- order a snack

Écoute! (1–6)
Listen. Who likes what? Match speakers 1–6 to a–f.

Exemple: 1 = **a**

a I go to the pancake restaurant. It's great!

b I like hamburgers but I prefer steak and chips.

c I hate mushrooms!

d I'd like a pizza. I love them!

e I like pancakes with cheese.

f I don't really like vanilla ice cream.

Lis!
Read the dialogue and answer the questions in English.

Exemple: **a** = Léo

a Who loves pizza?
b What does Anya prefer?
c Where does Max want to eat?
d Why doesn't Anya want to go there?
e Who suggests eating pancakes?
f What will Max order?

Anya Tu aimes les pizzas?
Léo Oui, j'adore. Et toi?
Anya J'aime bien ça mais je préfère les quiches.
Max On mange au fast-food?
Anya Non. Moi, je déteste les hamburgers.
Léo On mange à la crêperie?
Max Oui, c'est super, les crêpes! J'adore les crêpes au fromage.

WRITING 3

Écris!
Copy and fill in what the customer says.

Exemple: **1** = Bonjour, je voudrais …

Waiter	Vous désirez?
Customer	**1** *(Say hello. Say you would like a cheese and tomato pancake.)*
Waiter	C'est tout?
Customer	**2** *(Say you would like a chocolate pancake.)*
Waiter	OK. Voilà. Bon appétit.
Customer	**3** *(Say thank you and goodbye.)*

Parle!
Order these items (1–5).

Exemple: **1** = Bonjour! Je voudrais une glace au chocolat, s'il vous plaît.

1   2   3 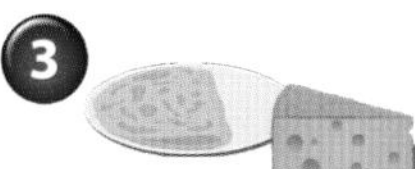 4  5 

9.1 Les repas

- Say what you eat at different times of day
- Say what you drink

1 Écoute, lis et répète.

Je mange ...

1 du pain

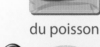

2 du poisson

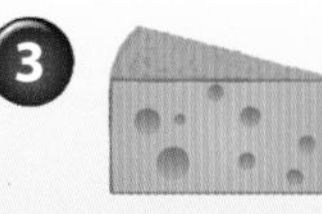
3 du fromage

4 de la soupe

5 de la viande

6 de la salade

7 des céréales

8 des frites

9 des légumes

Grammaire

How to say "some"

masculine	**du** (pain)
feminine	**de la** (viande)
plural	**des** (légumes)

Le matin, Le midi, Le soir,	je mange tu manges	**du**	pain poisson fromage
		de la	soupe viande salade
		des	céréales frites légumes

2 À deux.

A notes down three items from activity 1.
B guesses. Who does it in fewer goes?

Exemple:

B Tu manges des céréales?
A Oui. Je mange des céréales. (*or* Non.)

3 Lis et réponds.

a Can you work out what the highlighted words mean?
b What does Farid have for breakfast?
c When does he eat soup?
d What does he eat in the evening?

Le matin, à sept heures, je mange des céréales ou du pain.

Le midi, je mange de la soupe, un sandwich ou de la salade.

Le soir, je mange du poisson ou de la viande avec des légumes.

ou = *or*
avec = *with*

4 Écris.

Separate the words and write the sentences.

Exemple: Tumangesdupoisson?
= Tu manges du poisson? (*Do you eat fish?*)

a Jemangedesfrites.
b Jemangedelaviande.
c Jemangedupainetdufromage.
d Tumangesdupain?
e Tumangesdesfritesoudeslégumes?
f Lesoirjemangedupoisson.

5 Relie.

Match the pictures to the words.
Use the Glossary (page 91) to help.

Exemple: **a** = **4**

Je bois Tu bois	**a** du café **b** du chocolat chaud **c** du jus de fruit **d** du soda **e** du lait **f** de la limonade **g** de l'eau

6 Écoute et note.

Listen to Thomas. Note the three drinks he mentions.

7 Adapte la bulle pour toi.

Write what you eat and drink at different times of day. Change the highlighted words.

Exemple: Le matin, je mange du pain.
→ Le matin, je mange des céréales.

Le matin, je mange du pain.
Je bois du chocolat chaud.

Le midi, je mange des frites.
Je bois de l'eau.

Le soir, je mange des pâtes.

9.2 On fait la cuisine

- Say what food there is and isn't
- Follow a simple recipe

READING **1** **Regarde et dis ce qu'il y a.**

Look at the photo. How many sentences can you make saying what food there is?

Exemple: Il y a des fruits.

2 **Écoute, lis et répète.**

Fais ton petit dico.

Make a picture dictionary. Write the words in alphabetical order and draw pictures.

Exemple: **B**
du beurre

Il y a ✓	du de la de l' des	pain jambon fromage beurre
Il n'y a pas ✗	de d'	poivre huile œufs

Écoute et note ✓ ou ✗. (1–8)

Look at pictures a–h in activity 2. Listen and write ✓ or ✗ to show which food is available.

Exemple: 1 **a** = ✓, 2 **b** = …

5 À deux.

In pairs, use your answers to activity 4 to rebuild the conversations you heard.

Exemple: **a** = ✓ → **A** Il y a des œufs?
B Oui, il y a des œufs.

b = ✗ → **A** Il y a du lait?
B Non, il n'y a pas de lait.

6 Lis et trouve le français.

Read the recipe and work out the French for:

a 4 slices of ham
b prepare the ingredients
c put some butter
d add grated cheese
e cover with some bread
f first
g then
h finally

facile = *easy*

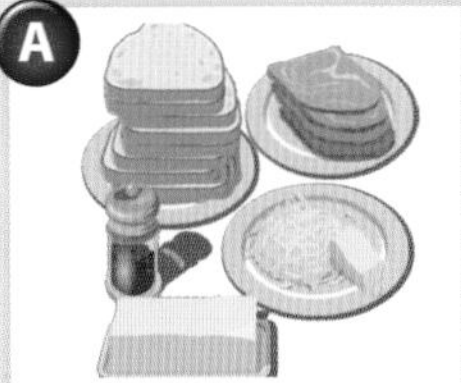

A D'abord, préparer les ingrédients.

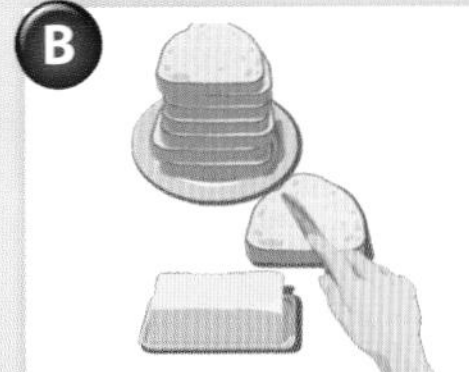

B Mettre du beurre sur le pain.

C Ensuite, mettre le jambon sur le pain.

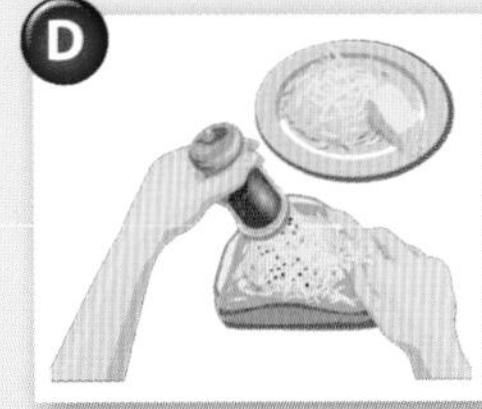

D Ajouter du fromage râpé et du poivre.

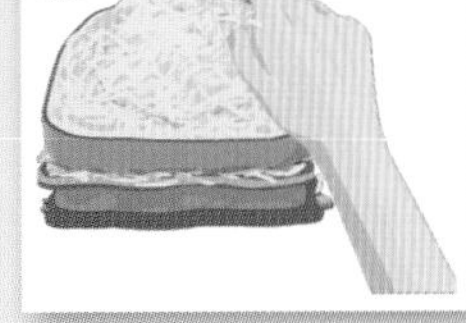

E Couvrir avec du pain et du fromage râpé.

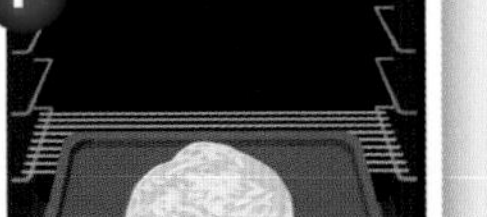

F Pour finir, mettre 10 minutes dans un four à 220°C (thermostat 7–8).

Une recette facile:
le croque-monsieur

Ingrédients:
8 tranches de pain
4 tranches de jambon
300 grammes de fromage râpé
du beurre
du poivre

7 Écoute. (1–6)

Listen and note which instruction from the recipe it is.

Exemple: 1 = **D**, …

D'abord, … = *First, …*
Ensuite, … = *Then, …*
Pour finir, … = *Finally, …*

D'abord,	préparer les ingrédients.
Ensuite,	mettre du beurre sur le pain. mettre le jambon sur le pain. ajouter du fromage râpé et du poivre. couvrir avec du pain.
Pour finir,	mettre 10 minutes dans un four à 220°C.

9.3 Mange bien!

- Talk about healthy eating
- Say what you are and aren't going to eat

Lis et décide.

Read the quiz and decide what it is about (a–c). How did you decide?

a what you used to eat and drink

b what you usually eat and drink

c what you will eat and drink in future

Relie.

Match sentences 1–8 in the quiz to pictures a–h.

Exemple: 1 = **c**

Écoute, lis et répète. (Quiz-santé! 1–8)

Écoute Marie et Max.

Note the letters of the pictures from activity 2 in the order they are mentioned.

Exemple: Marie = **a**, …

Quiz-santé!

Les bonnes résolutions

1. Je vais manger des fruits.
2. Je vais manger des légumes.
3. Je vais boire de l'eau.
4. Je vais manger un bon petit déjeuner.
5. Je ne vais pas boire de soda.
6. Je ne vais pas manger de frites.
7. Je ne vais pas manger de chocolat.
8. Je ne vais pas ajouter de sel.

un bon petit déjeuner = *a good breakfast*

Grammaire

Talking about the future

Je vais manger = ***I'm going*** *to eat*

Je ne vais pas manger = ***I'm not going*** *to eat*

5 Écris.

Choose and write out:

- three resolutions you would find easy
- three you would find hard

Exemple: **facile** *(easy)* — Je vais boire de l'eau, …

difficile *(hard)* — Je ne vais pas manger de chocolat, …

6 Fais des interviews.

Decide which resolutions you will make, then interview each other.

Exemple:

A Tu vas manger des fruits?
B Oui, je vais manger des fruits.
or Non, je ne vais pas manger de fruits.

Je vais Tu vas	manger	des fruits des légumes
	boire	de l'eau du jus de fruit
Je ne vais pas	manger	de frites de chocolat
	boire	de soda
	ajouter	de sel

7 Lis et explique.

Read Toto's resolutions and explain if they are healthy or not.

Exemple: It's healthy to eat fish, but it's not healthy to eat …

Toto

Je vais manger du poisson.
Je vais manger des hamburgers.
Je vais boire du jus de fruit.
Je ne vais pas boire de soda.
Je ne vais pas manger de salade.
Je ne vais pas ajouter de sel.

8 Écris tes bonnes résolutions.

Write a list of what you are (and are not) going to eat and drink to be more healthy.

Exemple: Je vais manger des tomates. Je ne vais pas manger de pizzas …

9 Écoute la chanson.

Listen to the song. Note any items of food you recognise.

Top Tips!

- Don't panic if you can't understand every word.
- Try to predict what words you might hear (e.g. food items).

9.4 Vocabulaire

Le matin, …	*In the morning, …*
Le midi, …	*At lunchtime, …*
Le soir, …	*In the evening, …*
je mange …	*I eat …*
du pain	*bread*
du poisson	*fish*
du fromage	*cheese*
de la soupe	*soup*
de la viande	*meat*
de la salade	*salad*
des céréales	*cereal*
des frites	*chips*
des légumes	*vegetables*

je bois …	*I drink …*
du café	*coffee*
du chocolat chaud	*hot chocolate*
du jus de fruit	*fruit juice*
du lait	*milk*
du soda	*fizzy drinks*
de l'eau	*water*
de la limonade	*lemonade*

Il y a …	*There is / are …*
du beurre	*some butter*
du poivre	*some pepper*
du jambon	*some ham*
de l'huile	*some oil*
des œufs	*some eggs*

Il n'y a pas de fromage.	*There isn't any cheese.*

D'abord, …	*Firstly, …*
Ensuite, …	*Then, …*
Pour finir, …	*Finally, …*
préparer	*prepare*
mettre	*put*
ajouter	*add*
couvrir	*cover*

Je vais manger …	*I am going to eat …*
des fruits	*fruit*
un bon petit déjeuner	*a good breakfast*
Je vais boire (de l'eau).	*I am going to drink (water).*

Je ne vais pas manger …	*I am not going to eat …*
de frites	*chips*
de chocolat	*chocolate*
Je ne vais pas boire (de soda).	*I am not going to drink (fizzy drinks).*
Je ne vais pas ajouter (de sel).	*I am not going to add (salt).*

Sound French!

The last letter of a word is often not pronounced. Read this sentence aloud:

Je vais manger des légumes.

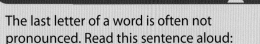

The highlighted letters are silent.
Now trying reading this:

D'abord, je bois du chocolat chaud.

Which letters are silent?

I can …

- say what I eat and drink in the morning and evening
- say what I eat and drink for lunch
- say what food there is
- say what food there isn't
- follow a simple recipe
- talk about what I am going to eat and drink to be healthy
- talk about food and drink I am not going to have

Clic-test!

1 Écoute! (1–6)

Listen. Who does what to be healthy?
Match speakers 1–6 to a–f.

Exemple: 1 = **f**

- **a** I eat cereal in the morning.
- **b** I eat fruit and veg every day.
- **c** I don't drink fizzy drinks.
- **d** I drink water at lunchtime.
- **e** I eat fish in the evening.
- **f** I don't eat meat.

2 Lis!

Read the menu. Write out the English words in the same order as the French.

Exemple: vegetable soup, …

tomato salad   water   grilled fish   cheese
chips   ~~vegetable soup~~

soupe de légumes
ou
salade de tomates

***

poisson grillé
frites

***

fromage

***

boisson: eau

3 Parle!

Imagine you are going on a picnic.
Say what you are going to eat and drink.

Exemple: **Je vais manger** du jambon.
Je vais boire …

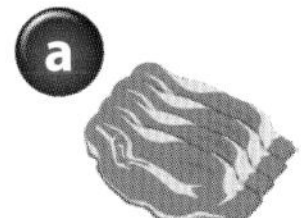

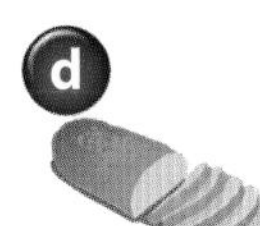

4 Écris!

Copy and complete these sentences.

Exemple: Le matin, je mange des céréales.
Le matin, je ne mange pas de …

- **a** Le matin, je mange …
- **b** Le matin, je ne mange pas de …
- **c** Le midi, je mange …
- **d** Le midi, je bois …
- **e** Le soir, je mange …
- **f** Le soir, je ne mange pas de …

1 À moi!

Les célébrités

Paula Radcliffe

Patrick Vieira

David Beckham

Audrey Tautou

Youssou N'Dour

Dji Dieng

1 Bonjour! Je m'appelle ...
Je suis footballeur. Je suis britannique.

2 Bonjour! Je m'appelle ...
Je suis athlète. Je suis britannique.

3 Bonjour! Je m'appelle ...
Je suis actrice. Je suis française.

actrice = *actress*

4 Bonjour! Je m'appelle ...
Je suis footballeur. Je suis français.

5 Bonjour! Je m'appelle ...
Je suis musicien. Je suis sénégalais.

musicien = *musician*

6 Bonjour! Je m'appelle ...
Je suis top model. Je suis sénégalaise.

1 Read the speech bubbles. Who's speaking? Write the correct name.

Example: **1** = David Beckham

2 Adapt one of the bubbles to write about a footballer, an athlete, a musician, an actress or a top model you like.

Example: Bonjour! Je m'appelle Keira Knightley.
Je suis actrice. Je suis britannique.

Top Tips!

Remember!
Look at word endings (**-ais**, **-aise**). They can give you a clue!

Les mascottes!

A

B

C

D

1
1990
Je m'appelle Ciao.
Mon pays, c'est l'Italie.
Mes couleurs, c'est rouge, blanc et vert.

2
1994
Je m'appelle Striker.
Mon pays, c'est les USA.
Mes couleurs, c'est rouge, blanc, bleu.

3
1998
Je m'appelle Footix.
Mon pays, c'est la France.
Mes couleurs, c'est rouge, jaune et bleu.

4
2006
Je m'appelle Goleo.
Mon pays, c'est l'Allemagne.
Mes couleurs, c'est blanc et noir.

l'Allemagne = *Germany*

1 Read the descriptions of the World Cup mascots. Match each one to its photo.

Example: **1** = **B**

2 Read the details for 2010 in the blue box. Write the description for this mascot.

Example: Je m'appelle …
Mon pays, c'est …
Mes couleurs, c'est …

2010
vert, jaune, blanc
l'Afrique du Sud
Zakumi

l'Afrique du Sud = *South Africa*

3 Design your own World Cup mascot! Draw it and write its description in French.

3 À moi!

Qu'est-ce que tu aimes faire?

Yo, je kiffe!

1 Yo! Qu'est-ce que tu aimes faire?
J'aime faire du sport.
Le sport, super! J'adore le sport!

2 Yo! Qu'est-ce que tu aimes faire?
J'aime faire du ski.
Le ski, youpi! J'adore le ski!

3 Yo! Qu'est-ce que tu aimes faire?
J'aime faire du cheval!
Le cheval, génial! J'adore le cheval!

4 Yo! Qu'est-ce que tu aimes faire?
Moi, j'aime danser!
Danser, le pied! J'adore danser!

5 Yo! Qu'est-ce que tu aimes faire?
J'aime faire du rap!
Le rap, c'est cool! Moi, je kiffe le rap!

1 Read the song lyrics. Choose a photo to go with each verse.

Example: **1** = **c**

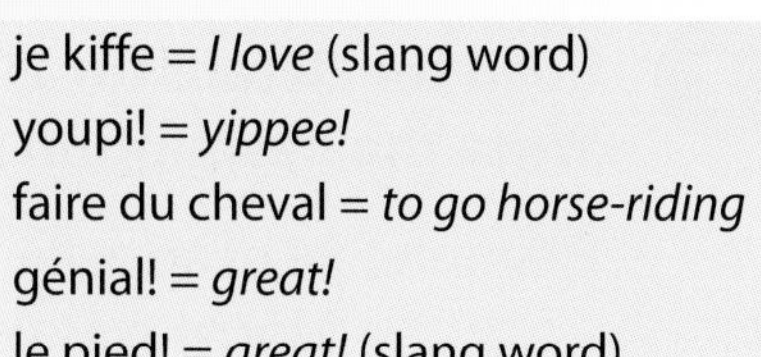

je kiffe = *I love* (slang word)
youpi! = *yippee!*
faire du cheval = *to go horse-riding*
génial! = *great!*
le pied! = *great!* (slang word)

2 Choose a verse and write it out in English.

Example: Yo! What do you like doing?
I like …

3 Listen to the song. Read the lyrics in your head as you listen.

Interviews express

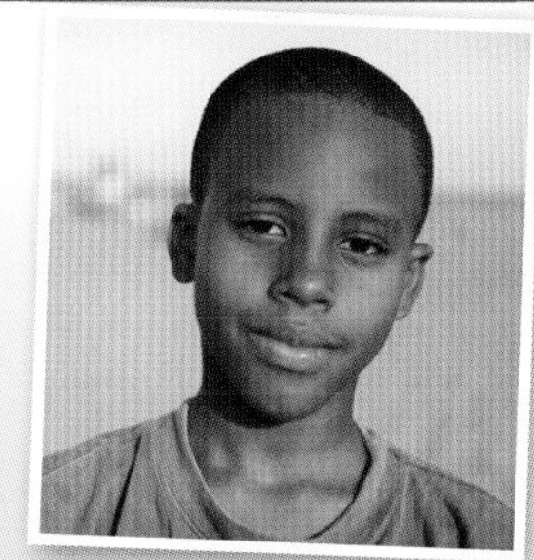

- ● Bonjour! Tu t'appelles comment?
- ▲ Je m'appelle Shivani.
- ● Tu as quel âge?
- ▲ J'ai onze ans.
- ● C'est quand, ton anniversaire?
- ▲ Mon anniversaire, c'est le dix novembre.
- ● C'est comment, ton anniversaire?
- ▲ J'ai des cartes et je regarde des films. C'est nul.

- ● Bonjour! Tu t'appelles comment?
- ◆ Je m'appelle Ahmed.
- ● Tu as quel âge?
- ◆ J'ai douze ans.
- ● C'est quand, ton anniversaire?
- ◆ Mon anniversaire, c'est le huit novembre.
- ● C'est comment, ton anniversaire?
- ◆ C'est super! J'ai des cartes, j'ai des cadeaux, je mange un gâteau et des chocolats et je joue sur la PlayStation avec des copains. C'est génial!

C'est comment, ton anniversaire? = *What's your birthday like?*

1 Read the interviews and find the correct person.

Example: **a** = Shivani

- **a** Who is eleven years old?
- **b** Who was born on 10th November?
- **c** Who loves their birthday?
- **d** Who plays with friends?
- **e** Who watches films?
- **f** Who has cards and cake?

2 Copy and adapt this paragraph. Fill in your own details.

Example: Je m'appelle Jonathan. J'ai treize ans.
Mon anniversaire, c'est le 25 mai.
Je joue avec des copains et je mange des chocolats.

5 À moi!

Au collège

1
Salut! Je suis Séb. Tu es nouvelle?
Oui, Je m'appelle Émilie.

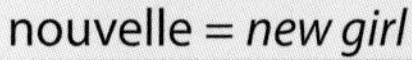
nouvelle = *new girl*

2
On a anglais, non?
Oui, l'anglais, c'est ma matière préférée.

3
Ta matière préférée, c'est quoi?
Ma matière préférée, c'est les maths.

4
Après l'anglais, on a sport. Tu aimes le sport?
Oui, j'aime bien le sport.

après = *after*

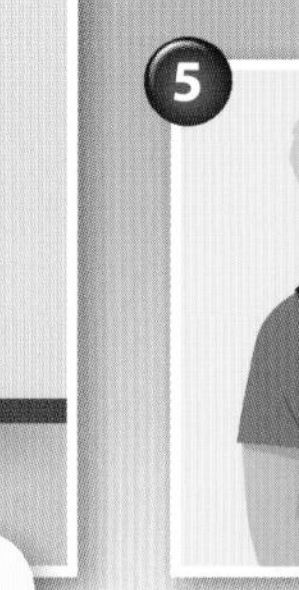

5
Il y a un match de football mercredi à trois heures. Tu viens?
Mercredi? Euh …
Ah non! Le mercredi, à trois heures, j'ai maths.

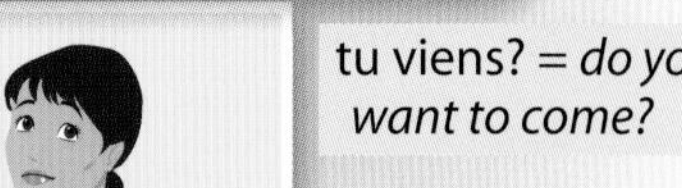
tu viens? = *do you want to come?*

1 Read and answer in English.

- **a** What is the boy's name?
- **b** What is the girl's name?
- **c** Why is the boy happy that the next lesson is English?
- **d** What is the girl's favourite lesson?
- **e** What does the girl think about sport?
- **f** When is the football match?
- **g** Why is the girl not sure what to do at the end?

2 What would you do if you were Émilie? Turn the page round and read what she does.

3 Write your own cartoon strip. Adapt the one above and change the subjects and opinions.

Émilie hésite, mais elle refuse l'invitation.
(Émilie hesitates, but she refuses the invitation.)

La Camargue

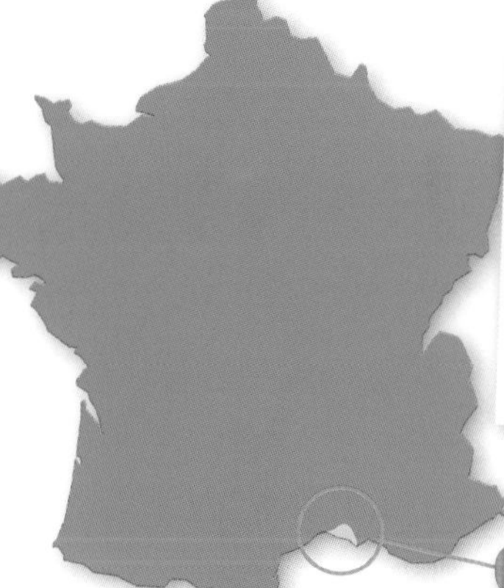

a Ma région, c'est la Camargue. J'habite à Saintes-Maries-de-la-Mer. C'est une petite ville au bord de la mer. C'est super. Moi, j'adore!

b En Camargue, il fait chaud, il y a du soleil mais il y a du vent. Le vent, c'est nul!

c Dans ma chambre, il y a un lit, une armoire, un bureau et une chaise. C'est petit mais c'est joli. Moi, j'aime bien ma chambre parce que c'est confortable.

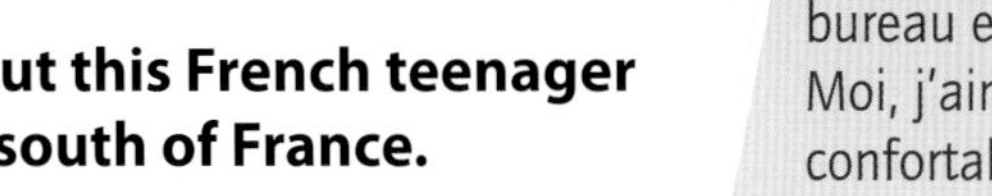

READING **1** **Read about this French teenager from the south of France.**

Which paragraph (a–c) mentions:

1 where he lives? **2** what his room is like? **3** the weather?

READING **2** **Read again. Correct the mistake in each sentence.**

Example: **a** = in a small town

- **a** Sylvain lives in a big town by the sea.
- **b** He hates his town.
- **c** The weather is cold, sunny and windy.
- **d** Sylvain doesn't mind the wind.
- **e** His bedroom is large and pretty.
- **f** He loves his room because it's big.

WRITING **3** **Adapt the text to write about where you live. Find photos to illustrate your description.**

Example: Ma région, c'est le Yorkshire …

Problèmes!

J'ai sept frères et cinq sœurs. Mes frères et sœurs sont petits et minces. Moi, je suis grande et grosse. Je n'aime pas ça!

Chloé

sont = *are*

Ma petite sœur est gentille mais elle est bavarde. Ça m'énerve!

Alex

Ça m'énerve! = *It gets on my nerves!*

Mes parents sont divorcés. J'ai un beau-père. Il n'est pas gentil.

Justine

J'ai un problème. Mon frère est très sociable, mais je suis timide.

Mohammed

1 Read the letters. Find …

- **a** four family members
- **b** four words to describe what someone looks like
- **c** four personality adjectives

2 Answer the questions in English.

- **a** How is Mohammed different from his brother?
- **b** What does Justine think of her stepdad?
- **c** Who has lots of brothers and sisters?
- **d** Why does Alex's sister get on his nerves?
- **e** What do Chloé's brothers look like?

3 Write your own problem letter. Copy the letter below and change the highlighted words.

Example:

J'ai un problème!

J'ai un frère. Il est drôle mais égoïste.

Je n'aime pas ça!

8 À moi!

Arnaud et Juliette au fast-food

1 Je voudrais un hamburger. J'adore ça.
Tu aimes les hamburgers?

2 Bof! Je n'aime pas beaucoup ça.
Je préfère les pizzas.

3 Bonjour! Vous désirez?

4 Bonjour! Je voudrais un hamburger au fromage, s'il vous plaît.

5 Et pour moi, une pizza aux champignons, s'il vous plaît.

6 C'est tout?

7 Oui, merci.

8 Non, je voudrais aussi des frites, s'il vous plaît!

9 Voilà. Bon appétit! Au revoir!

Read and answer the questions.

a What does Arnaud like eating?
b What does Juliette prefer?
c What does Arnaud order?
d Does Arnaud want anything else with it?
e Does Juliette order anything else?

Top Tips!

Keep the key words and change the details!

In groups of three, adapt the conversation and write a new scene. Perform it for the rest of the class.

9 À moi!

Qu'est-ce que tu manges le matin?

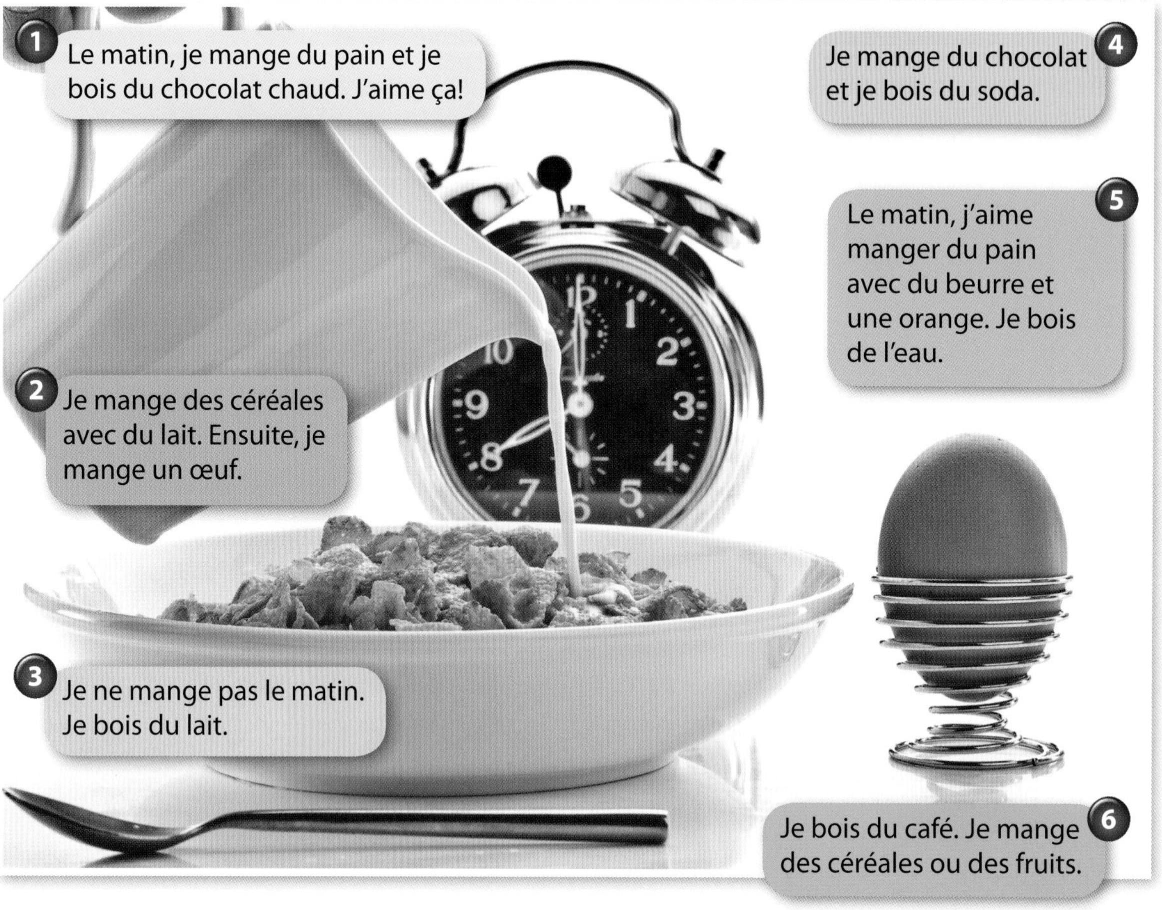

1 Le matin, je mange du pain et je bois du chocolat chaud. J'aime ça!

2 Je mange des céréales avec du lait. Ensuite, je mange un œuf.

3 Je ne mange pas le matin. Je bois du lait.

4 Je mange du chocolat et je bois du soda.

5 Le matin, j'aime manger du pain avec du beurre et une orange. Je bois de l'eau.

6 Je bois du café. Je mange des céréales ou des fruits.

Which caption goes with the photo?

Answer in English.

a List the five drinks that are mentioned.

b List six items of food mentioned.

c Which breakfast do you think is the most healthy? Why?

d Which do you think is the least healthy? Why?

Choose one of the captions. Copy it out and draw a picture to match.

Imagine your ideal breakfast. Write what you are going to eat and drink.

Example: Le matin, je vais manger …
Je vais boire …

une crêpe? des fruits? du fromage?
du chocolat chaud? du jus de fruit?

Unité **2** Blog-notes

Bienvenue sur la page de Thomas

Nom:	**Thomas**
Nationalité:	**Français**
Âge:	**12 ans**
Domicile:	**Nantes, France**
Passion:	**la Formule 1**

Watch Thomas' video diary. Choose a or b to complete each sentence.

1 Je m'appelle
  a Thomas JARMEIL
  b Thomas GARNIER

2 Mon pays, c'est
  a la Suisse **b** la France

3 Je suis
  a anglais **b** français

4 Ma couleur, c'est
  a bleu **b** vert

5 La France, c'est
  a les Renault
  b le football

Watch again. Can you work out ...?

1 the numbers Thomas mentions at the beginning
  a 10–1 **b** 6–1

2 the language(s) he speaks
  a French
  b French and English

3 what his favourite sportsperson is
  a a Formula One driver
  b a footballer

Copy and complete sentences 1–5 in activity 1 with your own details.

Example: Je m'appelle (Jordan Anderson).

Unité 4 Blog-notes

Bienvenue sur la page d'Alex

Nom:	**Alex**
Nationalité:	**Français**
Domicile:	**Nantes, France**
Passion:	**la Chine**

Watch Alex's video diary. Choose a or b to complete each sentence.

1 J'ai
a 13 ans **b** 12 ans

2 Mon anniversaire, c'est le
a 31 mars **b** 31 mai

3 Aujourd'hui, c'est le
a 21 mai **b** 21 septembre

4 Je déteste
a les pandas **b** les rats

5 J'ai
a un rat **b** un chat

un chat = *a cat*

6 Le weekend, j'aime bien
a le sport **b** l'aïkido

Watch again. Can you work out …?

1 how long it is before Alex's next birthday
a a month **b** six months

2 Alex's favourite special occasion
a his birthday
b Chinese New Year

3 his sign in the Chinese horoscope
a the rat **b** the panda

4 his favourite animal
a the rat **b** the panda

Copy and complete sentences 1–6 in activity 1 with your own details.

Example: J'ai (12) ans.

Unité 5 Blog-notes

Bienvenue sur la page de Yasmina

Nom:	**Yasmina**
Nationalité:	**Française-Algérienne**
Âge:	**13 ans**
Domicile:	**Nantes, France**
Passion:	**le football**

Watch Yasmina's video diary. Choose a or b to complete each sentence.

1 Aujourd'hui, c'est
a lundi **b** samedi

2 Mon collège, c'est le collège
a Jean-Moulin **b** Jean-Bon

3 Quelle heure est-il? Il est
a 8 heures 30 **b** 8 heures

4 J'aime bien
a les maths **b** l'anglais

5 Le lundi, à 9 heures 30, j'ai
a maths **b** anglais

6 Ma matière préférée, c'est
a l'EPS **b** la musique

L'EPS = *PE*

Watch again. Can you work out ...?

1 what Yasmina wants to be when she grows up
a a teacher **b** a football player

2 what she says about computers at her school
a they have lots
b they don't have any in class

3 what time lessons start
a 8.30 **b** 9 o'clock

4 what she takes for maths
a a calculator **b** a ruler

Copy and complete sentences 1–6 in activity 1 with your own details.

Example: Aujourd'hui, c'est (mardi).

Unité **6** Blog-notes

Bienvenue sur la page de Manon

Nom:	Manon
Nationalité:	Française
Domicile:	Nantes, France
Passion:	les animaux

1 Watch Manon's video diary. Choose a or b to complete each sentence.

1 Aujourd'hui,
 a il pleut b il fait chaud

2 J'habite dans
 a un village b une petite ville

3 C'est
 a à la campagne
 b au bord de la mer

4 Ma ville, c'est
 a super b nul

5 Ma chambre, c'est
 a grand b petit

6 Dans ma chambre, il y a
 a un lit, un bureau, une chaise, des étagères
 b un lit, une petite table, une chaise, une armoire

2 Watch again. Can you work out ...?

1 how old Manon is
 a 12 b 14

2 the region where she lives
 a near Paris b near Nantes

3 where Manon lives
 a in a flat b in a house

4 the sort of house she dreams of
 a large, at the seaside
 b small, in the mountains

3 Copy and complete sentences 1–6 in activity 1 with your own details.

Example: Aujourd'hui, il (fait froid).

Blog-notes

Bienvenue sur la page de Yasmina

Nom:	Yasmina
Nationalité:	Française-Algérienne
Âge:	13 ans
Domicile:	Nantes, France
Passion:	le football

Ma photo du jour:

Watch Yasmina's video diary. Choose a or b to complete each sentence.

1 J'ai
  a une sœur b deux sœurs

2 J'habite avec
  a mes parents et ma grand-mère
  b mes parents, mes sœurs et mon frère

3 Ma grand-mère habite
  a en France b en Algérie

4 Je suis
  a grande et mince
  b petite et grosse

5 Je suis
  a gentille et généreuse
  b timide et intelligente

Watch again. Can you work out ...?

1 who is getting married
  a Yasmina's sister, Amina
  b Yasmina's brother, Salif

2 how many people are in Yasmina's house today
  a 10 b 13

3 her favourite clothes
  a a dress b jeans and a T-shirt

4 what she thinks of her hair
  a she likes it b she hates it

Copy and complete sentences 1–5 in activity 1 with your own details.

Example: J'ai (un frère).

Unité **9** # Blog-notes

Bienvenue sur la page de Thomas

Nom:	**Thomas**
Âge:	**12 ans**
Nationalité:	**Français**
Domicile:	**Nantes, France**
Passions:	**la Formule 1, la cuisine**

la cuisine = *cooking*

1 Watch Thomas' video diary. Choose a or b to complete each sentence.

1 Le matin, je mange
- **a** du pain et du Nutella
- **b** des céréales

2 En ville, je vais
- **a** à la pizzeria **b** à la crêperie

3 J'aime
- **a** la viande, les légumes, le couscous
- **b** le poisson, les frites

4 Ce soir, je vais manger
- **a** du pain et du fromage
- **b** une pizza et de la salade

5 Ma résolution: je vais manger moins de
- **a** sel **b** Nutella

moins de = *less*

2 Watch again. Can you work out …?

1 what meal Thomas is eating
- **a** breakfast **b** dinner

2 which day he sometimes goes to a restaurant with his parents
- **a** Saturday **b** Sunday

3 where his mum is going
- **a** shopping **b** to a café

4 what else Thomas plans to do to be healthy
- **a** drink lots of water
- **b** do more sport

3 Copy and complete sentences 1–5 in activity 1 with your own details.

Example: Le matin, je mange (des fruits et du pain).

Glossaire

nm masculine noun
nf feminine noun
pl plural

A

on **a** we have
à at, in, to
d' **abord** first, firstly
un **acteur** *nm* an actor
une **actrice** *nf* an actress
j' **adore** I love
l' **Afrique du Sud** *nf* South Africa
l' **âge** *nm* age
j' **ai** I have
  je n'ai pas I don't have, I haven't got
  j'ai 12 ans I'm 12 years old
aider to help
  aider à la maison to help at home
j' **aime** I like
  j'aime bien I like
  je n'aime pas (beaucoup) … I don't like … (very much)
tu **aimes** you like
  tu aimes …? do you like …?
ajouter to add
l' **Algérie** *nf* Algeria
l' **Allemagne** *nf* Germany
un **an** *nm* a year
  j'ai 12 ans I'm 12 years old
l' **anglais** *nm* English
un **animal** *nm* (*pl* **animaux**) an animal, a pet
un **anniversaire** *nm* a birthday
août August
je m' **appelle …** my name is …
tu t' **appelles comment?** what is your name?
après after
une **armoire** *nf* a wardrobe
tu **as** you have
  tu as …? do you have …?
assez rather, quite
au (+ *masculine noun*) at the, in the, to the
aujourd'hui today
au revoir goodbye
aussi also, too
aux (+ *plural noun*) at the, in the, to the
avec with
avril April

B

une **baguette** *nf* a French stick
une **bande dessinée** *nf* a cartoon strip
bavard/bavarde talkative
beaucoup a lot, much
le **beau-père** *nm* stepfather
la **Belgique** *nf* Belgium
la **belle-mère** *nf* stepmother
beurk! yuck!
le **beurre** *nm* butter
bienvenue welcome
blanc white
bleu blue
blond/blonde blonde
il est **blond** he has blonde hair
elle est **blonde** she has blonde hair
bof! so so!
boire to drink
je **bois** I drink
tu **bois** you drink
(c'est) **bon** (it's) good
bon appétit! enjoy your meal!
bonjour hello, good morning
au **bord de la mer** by the sea
britannique British
il y a du **brouillard** it's foggy
brun/brune brown
il est **brun** he has dark hair
elle est **brune** she has dark hair
une **bulle** *nf* a speech bubble
un **bureau** *nm* a desk

C

ça that, it
un **cadeau** *nm* (*pl* **cadeaux**) a present
un **café** *nm* a (cup of) coffee
le **café** *nm* café
la **cafétéria** *nf* cafeteria
à la **campagne** in the countryside
le **Canada** *nm* Canada
les **Carambars** *nm pl* type of sweets
une **carte** *nf* a (greetings) card
des **céréales** *nf pl* cereal
c'est … it's …, this is …
  c'est tout? will that be all? is that all?
une **chaise** *nf* a chair
une **chambre** *nf* a bedroom
un **champignon** *nm* a mushroom
  aux champignons with mushrooms
une **chanson** *nf* a song
un **chat** *nm* a cat
il fait **chaud** it's hot (weather)
un **cheval** *nm* a horse
  faire du cheval to go horse-riding
un **chiffre** *nm* a number
le **chocolat** *nm* chocolate
  au chocolat chocolate-flavoured
le **chocolat chaud** *nm* hot chocolate
choisis choose

un **cinéma** *nm* a cinema
cinq 5
cinquante 50
un **clip** *nm* a video clip
un **collège** *nm* a school
c'est **comment?** what's it like?
complète complete
je **comprends** I understand
je ne comprends pas I don't understand
une **console de jeux** *nf* a games console
un **copain** *nm* a friend (*boy*)
une **copine** *nf* a friend (*girl*)
une **couleur** *nf* a colour
couvrir to cover
une **crêpe** *nf* a pancake
une **crêperie** *nf* a pancake restaurant
un **croque-monsieur** *nm* a toasted cheese and ham sandwich
la **cuisine** *nf* cooking

D

d'abord first, firstly
dans in
la **date** *nf* date
de from, of
décembre December
décide decide
décris describe
le **déjeuner** *nm* lunch
de la (+ *feminine noun*) some
des (+ *plural noun*) some
vous **désirez?** what would you like?
le **dessin** *nm* art
dessine draw
je **déteste** I hate
deux 2
à deux in pairs
dimanche Sunday
le dimanche on Sundays
dis say
dis ce qu'il y a say what there is
discute discuss
dix 10
dix-huit 18
dix-neuf 19
dix-sept 17
douze 12
drôle funny
du (+ *masculine noun*) some

E

l' **eau** *nf* water
écoute listen
écouter de la musique to listen to music
écris write
égoïste selfish
elle she
elle est she is
un **emploi du temps** *nm* a timetable
encore again
ça m' **énerve** it gets on my nerves
ensuite then
l' **EPS** *nf* PE, sport
tu **es** you are
tu es ...? are you ...?
des **escargots** *nm pl* snails
c' **est ...** it's ..., this is ...
il **est** he is
elle **est** she is
et and
et toi? what about you?
des **étagères** *nf pl* shelves
explique explain

F

facile easy
faire du cheval to go horse-riding
faire du sport to do sport
fais vite! be quick!
il **fait chaud** it's hot (weather)
il **fait froid** it's cold (weather)
la **famille** *nf* family
le **fast-food** *nm* fast-food place
faux false
une **fête** *nf* a festival, a party
février February
un **film** *nm* a film
un **film d'action** *nm* an action film
pour **finir** finally
le **football** *nm* football
le **français** *nm* French (*language*)
français/française French
la **France** *nf* France
le **frère** *nm* brother
des **frites** *nf pl* chips
il fait **froid** it's cold (weather)
le **fromage** *nm* cheese
au fromage with cheese
le fromage râpé grated cheese
des **fruits** *nm pl* fruit

G

un **gâteau** *nm* (*pl* **gâteaux**) a cake
généreux/généreuse generous
génial fantastic, great
gentil/gentille nice
la **géographie** *nf* geography
une **glace** *nf* an ice cream
grand/grande tall
la **grand-mère** *nf* grandmother
le **grand-père** *nm* grandfather
les **grands-parents** *nm pl* grandparents
gros/grosse fat

H

j' **habite** I live
tu **habites** you live
tu habites où? where do you live?
un **hamburger** *nm* a hamburger
une **heure** *nf* an hour
il est une heure it's one o'clock
il est (deux) heures it's (two) o'clock
quelle heure est-il? what time is it?
l' **histoire** *nf* history
l' **huile** *nf* oil
huit 8

I

il he, it
il est he is, it is
il y a … there is …, there are …
il n'y a pas de … there isn't a/any …, there aren't any …
important important
un **ingrédient** *nm* an ingredient
intelligent/intelligente intelligent
intéressant/intéressante interesting

J

j' I
j'ai I have, I've got
j'aime I like
le **jambon** *nm* ham
janvier January
jaune yellow
je I
un **jeu** *nm* a game
jeudi Thursday
le jeudi on Thursdays
les **jeux vidéo** *nm pl* video games
joli/jolie pretty
je **joue** I play
jouer to play
jouer sur la PlayStation to play on the PlayStation
jouer sur l'ordinateur to play on the computer
jouer avec des copains to play with friends
tu **joues** you play
le **jour** *nm* day
le Jour de l'An New Year's Day
juillet July
juin June
le **jus de fruit** *nm* fruit juice

K

je **kiffe** (*slang*) I love

L

la (+ *feminine noun*) the
le **lait** *nm* milk
une **lampe** *nf* a lamp
le (+ *masculine noun*) the
des **légumes** *nm pl* vegetables
les (+ *plural noun*) the
une **lettre** *nf* a letter
la **limonade** *nf* lemonade
lis read
un **lit** *nm* a bed
lundi Monday
le lundi on Mondays

M

ma (+ *feminine noun*) my
madame Mrs, Miss, madam
un **magasin** *nm* a shop
mai May
mais but
une **maison** *nf* a house
je **mange** I eat
on **mange** we eat
on mange …? shall we eat …?
manger to eat
tu **manges** you eat
mardi Tuesday
le mardi on Tuesdays
mars March
les **maths** *nf pl* maths
une **matière** *nf* a school subject
ma matière préférée, c'est … my favourite subject is …
c'est quoi, ta matière préférée? what's your favourite subject?
le **matin** *nm* (in the) morning
la **mer** *nf* the sea
au bord de la mer by the sea
merci thank you
mercredi Wednesday
le mercredi on Wednesdays
la **mère** *nf* mother
mes (+ *plural noun*) my
mettre to put
le **midi** *nm* (at) midday, (at) lunchtime
il est midi it's midday
mince slim
il est **minuit** it's midnight
moche ugly
moderne modern
moi me
moins de less
mon (+ *masculine noun*) my
monsieur Mr, sir
à la **montagne** in the mountains

Glossaire

une **montre** *nf* a watch
des **moules** *nf pl* mussels
un **musée** *nm* a museum
un **musicien** *nm* a musician (*male*)
une **musicienne** *nf* a musician (*female*)
la **musique** *nf* music

N

ne … pas not
il **neige** it's snowing, it snows
des **nems** *nm pl* spring rolls
neuf 9
le **Noël** *nm* Christmas
noir black
non no
nouveau/nouvelle new
novembre November
(c'est) **nul** (it's) rubbish, (it's) awful
un **numéro** *nm* a number

O

octobre October
des **œufs** *nm pl* eggs
on we (*when talking to friends*)
onze 11
l' **orage** *nm* storm
il y a de l'orage it's stormy
orange orange (*colour*)
une **orange** *nf* an orange
à l'orange orange-flavoured
un **ordinateur** *nm* a computer
ou or
où? where?
oublié forgotten
vous avez oublié? have you forgotten?
oui yes

P

le **pain** *nm* bread
parce que because
les **parents** *nm pl* parents
le **parfum** *nm* perfume
parle speak, talk
ne … **pas** not
un **pays** *nm* a country
le **père** *nm* father
la **pétanque** *nf* boules
petit/petite small
le **petit déjeuner** *nm* breakfast
une **pharmacie** *nf* a chemist's shop
la **phrase** *nf* sentence
le **pied** *nm* foot
le pied! (*slang*) great!
une **pizza** *nf* a pizza
une **pizzeria** *nf* a pizzeria
s'il te **plaît** please (*to a friend*)
s'il vous **plaît** please (*to an adult*)
il **pleut** it's raining, it rains
le **poisson** *nm* fish
Poisson d'avril April Fool
le **poivre** *nm* pepper
un **portable** *nm* a mobile phone
une **poste** *nf* a post office
pour for
pour finir finally
pour moi for me
pour toi for you
je **préfère** I prefer
le **premier** the first
préparer to prepare
présente introduce

Q

quand? when?
c'est quand? when is it?
c'est quand, (ton anniversaire)? when is (your birthday)?
quarante 40
quatorze 14
quatre 4
quel?/quelle? which? what?
tu as quel âge? how old are you?
quel temps fait-il? what's the weather like?
quelle est la date? what's the date?
quelle heure est-il? what time is it?
qu'est-ce que? what?
qu'est-ce que tu aimes faire? what do you like doing?
qui? who?
qui parle? who's talking?
qui dit ça? who says that?
une **quiche** *nf* a quiche
quinze 15
quoi? what?
c'est quoi? what is it?
c'est quoi, (ta matière préférée)? what's your favourite subject?

R

râpé grated
recopie copy out
réécoute listen again
regarde watch
je **regarde (des films/la télé)** I watch (films/the TV)
regarder la télé to watch TV
tu **regardes** you watch
la **région** *nf* region, area
relie join, match up
relis read again
répète repeat
réponds reply, answer
un **restaurant** *nm* a restaurant
au **revoir** goodbye
rouge red

elle est rousse she has red hair
roux/rousse red-haired
il est roux he has red hair
une rue *nf* a street

la salade *nf* salad
salut hi, hello
samedi Saturday
le samedi on Saturdays
un sandwich *nm* a sandwich
les sciences *nf pl* science
seize 16
le sel *nm* salt
le Sénégal *nm* Senegal
sénégalais/sénégalaise Senegalese
sept 7
septembre September
s'il te plaît please (*to a friend*)
s'il vous plaît please (*to an adult*)
six 6
un soda *nm* a fizzy drink
la sœur *nf* sister
le soir *nm* (in the) evening
soixante 60
il y a du soleil it's sunny
un sondage *nm* a survey
ils sont they are
la soupe *nf* soup
le sport *nm* sport
sportif/sportive sporty
un steak-frites *nm* a steak with chips
un stylo *nm* a pen
je suis I am
la Suisse *nf* Switzerland
super great
un supermarché *nm* a supermarket
sur on

ta (+ *feminine noun*) your
une table *nf* a table
un tapis *nm* a rug
la technologie *nf* technology
la télé *nf* TV
le temps *nm* weather
quel temps fait-il? what's the weather like?
tes (+ *plural noun*) your
timide shy
toi you
et toi? what about you?
les toilettes *nf pl* toilets
les toilettes, s'il vous plaît! I need the toilet, please!
une tomate *nf* a tomato
à la tomate with tomato
ton (+ *masculine noun*) your
la Tour Eiffel *nf* the Eiffel Tower
tout all
c'est tout? will that be all? is that all?
treize 13
trente 30
trente-deux 32
trente-et-un 31
trente-trois 33
très very
trois 3
trouve find
tu you

un (+ *masculine noun*) one, a
une (+ *feminine noun*) one, a

je vais I go, I am going
je vais manger … I'm going to eat …
je ne vais pas boire … I'm not going to drink …
la vanille *nf* vanilla
à la vanille vanilla-flavoured
le vélo *nm* cycling
vendredi Friday
le vendredi on Fridays
il y a du vent it's windy
vérifie check
vert green
la viande *nf* meat
tu viens? do you want to come? are you coming?
vieux old
un village *nm* a village
une ville *nf* a town
vingt 20
vingt-deux 22
vingt-et-un 21
vingt-trois 23
visiter (un musée) to visit (a museum)
vite quick, quickly
je voudrais I would like
vous you (*to an adult*)
vrai true

le weekend *nm* the weekend

youpi! yippee!

Great Clarendon Street, Oxford OX2 6DP

Oxford University Press is a department of the University of Oxford. It furthers the University's objective of excellence in research, scholarship, and education by publishing worldwide in

Oxford New York

Auckland Cape Town Dar es Salaam Hong Kong Karachi Kuala Lumpur Madrid Melbourne Mexico City Nairobi New Delhi Shanghai Taipei Toronto

With offices in
Argentina Austria Brazil Chile Czech Republic France Greece Guatemala Hungary Italy Japan Poland Portugal Singapore South Korea Switzerland Thailand Turkey Ukraine Vietnam

First published 2010

British Library Cataloguing in Publication Data

Data available

ISBN-13: 978 0 19 912749 8

10 9 8 7 6 5 4

Printed in China by Printplus

Paper used in the production of this book is a natural, recyclable product made from wood grown in sustainable forests. The manufacturing process conforms to the environmental regulations of the country of origin.

Acknowledgements
The authors and publishers would like to thank Julie Green and Pat Dunn for their help and advice.

The publishers would like to thank the following for permission to reproduce photographs:

Cover: Orla/Shutterstock; p4t: OUP; p4tl: Jose Ignacio Soto/ Shutterstock; p4bl: Mana Photo/Shutterstock; p4m: Marc Pagani Photography/Shutterstock; p4br: kristian sekulic/Shutterstock; p5: OUP; p6 OUP; p7: OUP; p7tr: Brian Pamphilon/iStockphoto; p7mr: Wojciech Gajda/iStockphoto; p7br: Chelsea FC via Getty Images; p9l: Popperfoto/Getty Images; p9m: Getty Images; p9r: Popperfoto/ Getty Images; p10: OUP; p11t: Andrey Shadrin/Shutterstock; p11tl: Guy Erwood/Shutterstock; p11ml: Olga Besnard/Shutterstock; p11bl: cinemafestival/Shutterstock; p11tr: Entertainment Press/ Shutterstock; p11ml: Face to Face/Starstock/Photoshot; p11b: sportgraphic/Shutterstock; p12: Jonathan Larsen/Shutterstock; p13tl: LubaShi/Shutterstock; p13ml: OUP; p13bl: OUP; p13tm: muzsy/ Shutterstock; p13mm: OUP; p13bm: Juriah Mosin/Shutterstock; p13tr: AFP/Getty Images; p13mr: Marc Pagani Photography/ Shutterstock; p13br: OUP; p14tl: Chubbster/Shutterstock; p14bl: AFP/Getty Images; p14tm: Soundsnaps/Shutterstock; p14bm: OUP; p14tm: Bloomberg via Getty Images; p14bm: Peter Tucker/ iStockphoto; p14tr: Alamy; p14br: Alex Segre/Alamy; p15t: Comstock/ OUP; p15b: Blend Images/OUP; p16tl: Photodisc/OUP; p16bl: OUP: p16tm: Juice Images/OUP; p16bm: OUP; p16tr: Photodisc/ OUP; p16br: OUP; p19t: Score by Aflo/OUP; p19b: Photodisc/OUP; p20tl: OUP; p20bl: Benis Arapovic/Shutterstock; p19tm: OUP; p19bm: Universal; p20tr: Gina Smith/Shutterstock; p20br: OUP; p20: OUP; p22tl: Bronwyn Photo/Shutterstock; p22bl: Eric Isselée/ Shutterstock; p20tm: Thomas Perkins/iStockphoto; p20bm: ene/ Shutterstock; p20tm: Elena Elisseeva/Shutterstock; p20bm: David Brimm/Shutterstock; p22tr: Monkey Business Images/Shutterstock; p22br: ZTS/Shutterstock; p22bl: Eric Isselée/Shutterstock; p22br: Eric Isselée/Shutterstock; p23tl: Issei Kato/Reuters/Corbis; p23bl: OUP; p23tr: OUP; p23br: OUP; p25: Skyline/Shutterstock; p26t: Benis Arapovic/Shutterstock; p22m: Bronwyn Photo/Shutterstock; p22b: Monkey Business Images/Shutterstock; p27l: OUP; p27m: Benis Arapovic/Shutterstock; p27m: Universal; p27m: ene/Shutterstock; p27m: ZTS/Shutterstock; p27r: Eric Isselée/Shutterstock; p30l: Laura Gangi Pond/Shutterstock; p30m: Franck Boston/Shutterstock; p30m: sherrie smith/Shutterstock; p30r: Valua Vitaly/Shutterstock; p31l: Daniel Bobrowsky/iStockphoto; p31m: Photodisc/OUP; p31m: Photodisc/OUP; p31r: OUP; p31b: Mike Marsland/Contributor/ Getty; p32: OUP; p33: Steve Cole/iStockphoto; p35: Ana del Castillo/ Shutterstock; p37: OUP; p41: OUP; p43: Skyline/Shutterstock; p44tl: Knud Nielsen/iStockphoto; p44bl: OUP; p44tm: OUP; p44bm: nito/Shutterstock; p44tm: nito/Shutterstock; p44bm: Photosani/ Shutterstock; p44tr: OUP: p44br: Ramon Berk/Shutterstock; p45tl: Kati Neudert/iStockphoto; p45 bl: OUP; p45tr: Jaimie Duplass/ iStockphoto; p45mr: Shelly PerryiStockphoto; p45br: Monkey Business Images/Shutterstock; p46tl: Martyn F. Chillmaid; p46bl: David R. Frazier Photolibrary, Inc./Alamy; p46tm: Martyn F. Chillmaid; p46bm: DAVID NOBLE PHOTOGRAPHY/Alamy; p46tr: Jupiter Images/Agence Images/Alamy; p46br: Martyn F. Chillmaid; p47tl: Photographers Direct/Spectrum Photofile Inc.; p47bl: David A. Barnes/Alamy; p46tm: Bernard Girard/Bellefontaine600; p46bm: Ian Shaw/Alamy; p46tm: Jaimie Duplass/iStockphoto; p46bm: Monkey Business Images/Shutterstock; p47tr: Kati Neudert/iStockphoto; p47br: Shelly PerryiStockphoto; p48: Archivo Iconografico, S.A./ Corbis; p49: michaeljung/Shutterstock; p52: c.20thC.Fox/Everett/ Rex Features; p54t: Pictorial Press Ltd/Zooid; p54b: Itar-Tass/ Starstock/Photoshot; p55: sportgraphic/Shutterstock; p57: OUP; p59t: Skyline/Shutterstock; p59b: Igor Burchenkov/iStockphoto; p60tl: Elnur/Shutterstock; p60ml: mamerko/iStockphoto; p60bl: Robyn Mackenzie/Shutterstock; p60tm: tatniz/Shutterstock; p60mm: tatniz/Shutterstock; p60bm: ampFotoStudio/Shutterstock; p60tr: Juan Monino/iStockphoto; p60mr: beltsazar/Shutterstock; p60br: DesuDekker/Shutterstock; p61t: OUP; p61b: Alain Couillaud/ istockphoto; p62tl: robert paul van beets/Shutterstock; p62bl: OUP; p62tm: rixxo/Shutterstock; p63bm: Paul Merrett/Shutterstock; p62tr: OUP; p62br: Martyn F. Chillmaid; p63: Anton Gvozdikov/ Shutterstock; p68: Monkey Business Images/Shutterstock; p69t: Jason Stitt/Shutterstock; p69b: OUP; p70: OUP; p71: Martyn F. Chillmaid; p72: icyimage/Shutterstock; p76tl: p76tl: Guy Erwood/Shutterstock; p76ml: Jonathan Larsen/Shutterstock; p76bl: Lebrecht Music and Arts Photo Library/Alamy; p76tr: Jonathan Larsen/Shutterstock; p76mr: AFP/Getty Images; p76br: Face to Face/Starstock/Photoshot; p77tl: Associated Press/PA Photos; p77bl: PA Photos; p77tr: PA Photos; p77br: Simon Barnett/Getty; p77b: AFP/Getty Images; p78tl: Razvan CHIRNOAGA/Shutterstock; p78bl: Alena Ozerova/Shutterstock; p78tr: Vukoslavovic/Shutterstock; p78mr: Lenkadan/Shutterstock; p78br: kristian sekulic/Shutterstock; p79l: Jason Stitt/Shutterstock; p79r: Blacqbook/Shutterstock; p81tl: Dennie Cody/Alamy; p81bl: Marc Garanger/Corbis; p81tr: imantsu/Shutterstock; p83: OUP; p84: jon le-bon/Shutterstock; p85: OUP; p86t: OUP; p86b: Mikhail Nekrasov/ Shutterstock; p87t: OUP: p87b: Christian Liewig/Corbis; p88: OUP; p89: OUP; p90t: OUP; p90b: Alain Couillaudi/Stockphoto.

Illustrations by Kessia Beverley-Smith, Stefan Chabluk, Tim Kahane, Gemma Hastilow, John Hallett and Martin Aston.

All other artwork: Oxford University Press